U0347892

幸福企业

基于积极心理学的幸福体系构建指南

李晴昊　张馨文　杨坤　著

Happy
Enterprise

Guidelines for Building
a Happiness System Based
on Positive Psychology

机械工业出版社
CHINA MACHINE PRESS

　　积极心理学的创立顺应了新时代人们追求美好生活的大趋势。本书认为，积极组织行为是企业构建幸福体系的重要部分，企业追求幸福是一个长期追求、永不间断的过程中的某一段。"过程方法"和"PDCA 循环"与积极心理学的跨学科结合应用，是构建企业幸福体系的必然选择。本书第 1 章提出了构建企业幸福体系的 5 个关键分目标，列出了构建幸福体系的所有关键要求；第 2 章展示了积极心理团体辅导基于过程方法和 PDCA 循环的示意图，提出了在马丁·塞利格曼的 PERMA 模型的 5 个元素的基础上，增加第 6 个元素"过程"，形成新的"PERMAP"模型；第 3 章提出了一种基于积极心理团体辅导构建积极组织行为的过程方法模型；第 4 章应用积极心理学理论基于过程方法和 PDCA 循环提出了一个构建企业幸福体系的途径；第 5 章和第 6 章提供了企业构建幸福体系的实践案例，展示了积极心理学在不同层次的应用场景，认为积极心理学必须扎根于企业实践才有生命力和实际意义。本书适合于积极心理学爱好者、积极心理团体辅导实践者、企业健康管理工作者，以及致力于幸福企业构建的管理者等广大读者阅读。

图书在版编目（CIP）数据

　　幸福企业：基于积极心理学的幸福体系构建指南 / 李晴昊，张馨文，杨坤著. -- 北京：机械工业出版社，2025. 2. -- ISBN 978-7-111-77721-2

　　Ⅰ. F272

　　中国国家版本馆CIP数据核字第2025F5G981号

机械工业出版社（北京市百万庄大街22号　邮政编码100037）
策划编辑：坚喜斌　　　　　责任编辑：坚喜斌　章承林
责任校对：张爱妮　王　延　责任印制：刘　媛
唐山楠萍印务有限公司印刷
2025年4月第1版第1次印刷
155mm×230mm·18.25印张·1插页·233千字
标准书号：ISBN 978-7-111-77721-2
定价：79.00元

电话服务　　　　　　　　　网络服务
客服电话：010-88361066　　机　工　官　网：www.cmpbook.com
　　　　　010-88379833　　机　工　官　博：weibo.com/cmp1952
　　　　　010-68326294　　金　书　网：www.golden-book.com
封底无防伪标均为盗版　机工教育服务网：www.cmpedu.com

用积极心理学构建幸福企业的
一抹彩虹

应作者李晴昊的邀请，我认真阅读了《幸福企业：基于积极心理学的幸福体系构建指南》一书。本书的三位作者李晴昊、张馨文、杨坤都获得了清华大学积极心理学研究中心认证积极心理学指导师的资格，为此我心里充满了喜悦和欣赏，这种感觉来源于本书作者在完成积极心理学指导师认证后，能够不忘初心，将积极心理学与企业实践紧密结合，大胆探索和实践落地幸福企业的理念。更难能可贵的是，他们在实践的过程中及时总结经验，并将积极心理学的实践成果提炼成书分享给大家。这是我作为一名高校教师，从事教书育人的事业47年来，最愿意看到的结果——学生们在各行各业将所学的理论联系实践，取得了可喜的成果。

2000年初，马丁·塞利格曼和米哈里·契克森米哈赖在《美国心理学家》杂志上发表论文《积极心理学导论》，由此创立了积极心理学。积极心理学是心理学领域的一场革命，改变了心理学领域过度关注人类心理问题的偏颇，给心理学研究开辟了新的视角，非常符合新时代人们追求美好生活的大趋势。积极心理学理论与团体辅导相结合，为学校、企业、事业、医疗等各类组织开展心理辅导活动开辟了一条崭新的途径。2004年，我在清华大学主办了中国第一个积极心理学工作坊，其后将积极心理学应用于团体心理辅导实践，并提出了积极心理团体辅导的理论。我指导的研究生何瑾完成了国内最早的积极心理学团体辅导硕士论文《积极心理团体辅导对贫困生的自强训练效果》。在过去几年清华大学积极心理学研究中心组织的认证积极心理学指导师项目培训中，我指导了几十名学生完成了积极心理团体辅导进行实证研究的项目，本书的作者之一李晴昊就是其中第五期的学员，在我的指导下，他完成了论文《积极心理团体辅导提升企业团队幸福感和积极情绪的实证研究》，实证研究论文发表在《中国质量》杂志上。因为他在完成实证论文过程中的优秀表现，我邀请他参加了第六届中国国际积极心理学大会，在"积极心理团体辅导分论坛"分享他在企业实践积极心理团体辅导的经验，这次经验分享获得与会人员的一致好评，为大家打开了眼界，拓展了思路。在顺利完成了清华大学积极心理学认证指导师的项目后，他在企业实践中一直积极致力于将积极心理学和积极心理团体辅导应用到工作中，同时结合他具备的国际管理体系首席审核员资格，以及在过程方法和 PDCA 循环实践中积累的丰富经验，将积极心理学的理论用于构建企业幸福体系这个目标上，在理论和实践上都取得了可喜的成果。

目前，在应用积极心理学建设幸福企业的实践过程中，大多数企业都在以积极组织行为学理论作为指导。受到积极心理学理论发展的影响，美国管理学家弗雷德·卢桑斯在 2002 年提出积极组织行为学概念。作者能够认真研究积极组织行为学的理论和实证研究成果，同时没有被该理论束缚思维，在书中提出关于企业幸福与积极组织行为的关系，从企业幸福指数评价标准中可以知道，积极组织行为的核心概念心理资本仅是企业幸福的 7 个一级指标之一，所以，企业幸福的概念包含了积极组织行为，前者比后者范围更大。通过应用积极心理团体辅导理论来构建积极组织行为的过程方法，在提升幸福指数的一级指标心理资本的同时，对于最终的企业幸福指数的提升也有很重要的作用。积极组织行为与幸福企业不能画等号，积极组织行为是企业构建幸福体系一个很重要的部分，但不是全部。在书中，作者提出一种基于积极心理团体辅导构建积极组织行为的过程方法模型。本书还指出幸福企业不是一个是与非的问题，企业追求幸福是一个长期追求、永不间断的过程中的某一段。对于幸福企业的评价方法和维度可以形式多样化，必须考虑到个人层面、群体层面和组织层面的全维度测评，这也是幸福企业与幸福个人评价内涵的区别。

团体过程（Process）是连接个人与团体成员（People）并实现团体目标（Purpose）的必由之路。"过程"是目前在全世界组织内最广泛应用的国际管理体系系列标准的核心概念，管理体系标准在建立与实施管理体系以及提高其有效性时采用了"过程方法"，过程方法结合了"计划—执行—检查—改进"（简称"PDCA循环"）与基于风险的思维，任何活动或任务都可以通过"过程"与"PDCA循环"来理解。国际管理体系标准中"过程方法"和"PDCA循环"的概念与积极心理学PERMA模型，以及积极心理团体辅导理论的跨学科结合应用，是构建企业幸福体系的必然选择。作者在本书中清晰地梳理了构建企业幸福体系的逻辑脉络；积极心理学应用与团体心理辅导结合产生了积极心理团体辅导理论；积极心理团体辅导是基于管理体系过程方法和PDCA循环的一种团体过程；积极心理团体辅导应用于提升心理资本促进了积极组织行为；积极心理团体辅导与积极组织行为结合一同达成构建企业幸福体系的目标。本书分析了基于过程方法和PDCA循环的积极心理团体辅导的结构模型，积极心理团体辅导成为贯穿从底层心理团体辅导到顶层企业幸福体系全过程的方法，它在每一个层次都起到了连接桥梁的作用。书中作者建议在幸福2.0的PERMA理论5个元素（积极情绪、投入、意义、积极的人际关系、成就）的基础上，增加第6个元素"过程"（P）并形成新的"PERMAP"模型。这个元素不是处于与5个元素并列的位置，而是处于顶端目标位置的幸福2.0与5个元素支柱之间连接的位置。"过程"元素将 5 个元素 PERMA 汇聚在一起形成通向幸福 2.0 的通途。积极心理团体辅导就是"团体 3P 理论"中重要的一个 P——"过程"的具体体现，是促成积极心理学实践达成目标福祉的一个重要方法。

针对构建企业幸福体系的目标，本书应用麦肯锡金字塔原理将构建企业幸福体系的目标分解为 5 个关键分目标，使用 OKR 方法将每个关键分目标步骤继续向下拆分为 3 个关键结果，列出了构建企业幸福体系的所有关键要求。在此基础上，本书进而提出了一个企业幸福体系建设的底线标准与最佳实践的渐进模式，通过应用积极心理学理论基于过程方法和 PDCA 循环提出了一个构建企业幸福体系的途径，这个途径为企业提供了一个可操作的有效方法，并涵盖了构建企业幸福体系的所有关键要求。基于过程方法和 PDCA 循环构建企业幸福体系的途径有五个核心过程：企业幸福体系构建项目计划；项目团队与项目执行；企业幸福体系指数现状评价；企业幸福体系指数改进措施；企业幸福体系指数重新评价。企业幸福体系指数改进措施分为两个方向，一个方向是企业幸福基础的改进，包括积极组织行为和积极心理团体辅导，目标是改善心理资本和其他积极心理能力；另一个方向是企业幸福支撑的改进，包括组织健康运营的底线标准和最佳实践，目标是组织健康运营环境的改善。构建企业幸福体系必须包括企业幸福基础的改进和企业幸福支撑的改进两个方面才形成一个完整的体系。本书不仅提出了构建企业幸福体系的途径，而且提供了积极心理团体辅导在企业构建幸福体系的实践案例，通过企业实践案例系统展示了积极心理团体辅导在企业不同层次需要的应用场景。

作者引用管理大师彼得·德鲁克的经典论述"管理是一种实践，其本质不在于知，而在于行"，在书中指出构建企业幸福体系本质上是一个管理问题，任何管理问题的解决都没有标准答案可循，解决管理问题要在相关理论的指导下持续不断地实践，解决问题的结果就是要在实践中达成目标。积极心理学必须扎根于企业实践才有生命力和实际意义，构建企业幸福体系的目标必须在实践中才能达成，基于过程方法和 PDCA 循环构建企业幸福体系的途径就是达成目标的关键方法，这个注重实践的观点与积极心理团体辅导必须在各行各业不同的情境下完成实际应用的思路，有异曲同工之妙。

本书的作者参考了国际上最新的积极心理学、积极组织行为学、积极心理团体辅导、国际管理体系标准、过程方法和 PDCA 循环等研究和实践成果，创新地提出了基于积极心理学构建企业幸福体系的一种途径，并展示了企业实践中的实证研究案例。这些关于积极心理学和积极心理团体辅导理论在企业实践中的积极探索，对于所有学习积极心理学和希望创建幸福企业的同仁们非常有参考价值。可以说，这本书既有理论的新意和高度，也有实践的底气和可操作性。

我愿意向每一位积极心理学的爱好者、每一位积极心理团体辅导的实践者、每一位企业健康管理工作者、每一位致力于幸福企业构建的管理者强烈推荐这本书。

樊富珉

北京师范大学心理学部临床与咨询心理学院院长，博士生导师
清华大学心理与认知科学系博士生导师、教授（荣休）
清华大学社会科学学院积极心理学研究中心主任（荣休）
教育部普通高校大学生心理健康教育专家指导委员会委员
中国心理学会积极心理学专业委员会副主任委员
2024 年 9 月 19 日于北京清华园

前　言

> 登高而招，臂非加长也，而见者远；顺风而呼，声非加疾
> 也，而闻者彰。假舆马者，非利足也，而致千里；假舟楫者，
> 非能水也，而绝江河。君子生非异也，善假于物也。
>
> ——荀子《劝学》

  2019 年 3 月 24 日，我作为一名听众在中国科技馆听科普中国年度盛典的精彩演讲，科普盛典的演讲主题主要是最前沿的科学技术科普，如折叠蛋白质的研究、粒子对撞机的研究、探月工程嫦娥四号月球背面落月成就、阵列射电望远镜进展等，在科普讲座中，我有缘倾听了中国积极心理学发起人清华大学彭凯平教授的一场精彩的积极心理学演讲——"我理想中的你，真的只能来自星星吗？"，在听演讲之前，我很主观地认为积极心理学可能是一种成功学，没有想到彭凯平教授短短 30 分钟的演讲，旁征博引、妙趣横生，一下子就引起了现场观众的兴趣，也改变了我的偏见。彭凯平教授用风趣幽默的方式和严谨的科学思维，将"幸福科技实验室""人际关系的六度分离理论""神奇的洛萨达比例""迪香式微笑""美美与共，天下大同"等有趣的积极心理学概念和实证案例娓娓道来，用科普方式讲述了积极心理学是建立在科学实验和实证研究基础上的科学。由于在企业从事职工健康安全管理工作的关系，我在 2020 年报名参加了清华大学积极心理学研究中心积极心理学指导师的初级培训班。在积极心理学的感召下，又持续参加了中级实践班和高级认证班的培训，利用周末参加认证指

导师长达 2 年的学习，能在繁忙的工作和生活状态中坚持下来也是个小奇迹。2022 年，我取得认证指导师证书，在樊富珉教授的指导下完成了论文，题目是"积极心理团体辅导提升企业团队幸福感和积极情绪的实证研究"，该论文发表在《中国质量》杂志上。正如克里斯托弗·彼得森教授指出："幸福不是一项观赏运动"，积极心理学是一门实践的科学。我将积极心理学应用到企业实际工作中，取得了很多成效，如将积极心理团体辅导应用于企业零伤害文化的心理健康要素中，实践成功的故事入选企业全球《2022 年可持续发展年报》。2023 年，第六届中国国际积极心理学大会邀请我在"积极心理团体辅导分论坛"和"幸福企业分论坛"分享积极心理学在企业实践的经验。2024 年，西门子能源中国被评为"2024 幸福企业百强榜"的"幸福企业综合十强"，在同期发布的《幸福企业白皮书》中，对于获奖企业案例这样描述道："一个幸福的企业应当将员工的福祉置于核心地位。为此，公司通过搭建可持续的职业发展平台和营造积极的工作氛围，不断提升员工的幸福感。同时，企业通过提供创新的能源绿色低碳转型解决方案，为社会和环境带来积极影响，实现了企业、员工和整个社会的共赢。西门子能源致力于通过积极心理学的实践，增强员工的幸福感与归属感。在中国，公司成功地将积极心理学融入零伤害文化中，这一创新举措已成为全球可持续发展报告中的案例，企业的幸福企业建设得到了广泛认可。"

如果说将积极心理学应用于提高企业团队幸福感和积极情绪的实证研究关注的是企业的个人和群体层面，那么积极组织行为或幸福企业的建设就是组织要重点关注的组织层面问题。企业追求幸福是一个长期追求、永不间断的过程。幸福企业没有确切的衡量标准，但是企业幸福体系却是可以衡量的，比较成熟的管理体系认证能够评估企业是否满足标准要求，如 ISO 9001、ISO 14001、ISO 45001、ISO 45003 等。构建企业幸福体系的企业不仅仅要有追求企业幸福的崇高目标，更需要打好这些底线标准的基础，在这些管理体系标准的坚实基础上，才能构建起可持续发展的企业幸福管理体系。国际管理体系是企业追求卓越业绩的底线要求，过去近 50 年在全世界得到广泛应用并取得巨大成功。与此同时，管理体系的成熟度相关标准也提供了企业满足最佳实践要求的评价方法，例如在国际标准 ISO 9004《组织的质量　实现持续成功指南》中，组织成熟度的评价是一种循序渐进的评价体系，从"基本等级"到"最佳实践等级"的不同等级水平，标准给出了被评价企业一个可做横向比较的等级水平要求。不同的企业按照同一标准要求建立了企业幸福体系并经过客观评估后，评估结果做行业之间的评比是可行的。本书将选择构建企业幸福体系为目标，而不是选择构建幸福企业为目标。

在上述分析中，细心的追随积极心理学的读者会发现，国际标准化组织（ISO）制定和推行的一系列国际管理体系标准，已经超出了积极心理学的学科界限了。在实际工作和生活中，人存在的认知片面性心理倾向经常会导致严重错误的后果，例如，"锤子倾向"就来自一句谚语：对于一个拿着锤子的人来说，她／他眼中的问题都像钉子。要想纠正"锤子倾向"，有一个对策是掌握跨学科的思维方式，就是尽可能地拥有多学科技能并掌握多种不同的工具。为避免"锤子倾向"的认知片面性导致的错误后果，查理·芒格极其重视采用跨学科的思维方式来解决现实的各种问题，并取得商业投资上的巨大成功，他面对现实问题提出并系统研究了人类心理倾向在投资和商业决策中的巨大影响，芒格认为，现实世界的问题不会恰好落在某个学科的界限之内，它们往往跨越了界限，如果两种事物存在密不可分的相互关系，那么那种试图考虑其中一种事物而无视另一种事物的方法是很值得怀疑的。对于掌握跨学科的应用所需的必须技能，芒格指出，不能苛求每个人对天体力学的掌握达到与拉普拉斯并驾齐驱的地步，也不必苛求大家在其他知识领域也达到如此精湛的水平。实际上，每门学科真正重要的概念并不多，只需要大体了解，就能掌握精髓。而且这些概念既不是无穷的，相互之间的影响也不复杂，对大多数人来说，掌握多学科的重要知识是完全可能的。

在探讨跨学科解决实际问题的时候，我特别喜欢彭凯平教授提到的"思想上有创新比回答问题正确更有意义"的故事。他于1979年报考北京大学物理学系，却被心理学系录取，心理落差很大，大学一年级的普通心理学课程只获得了60多分，差一点想放弃学习心理学。大学二年级，心理学家吴天敏教授讲授的一门"智力测验"课程彻底改变了他对心理学的态度和认识，彭凯平与同学一起设计了一个新颖的"测试膝腱反射速度与人的智力的关系"的实验，由于实验技术比较粗糙，测量结果很不准，最后计算出来的结果是膝腱反射速度和人的智力之间一点关系都没有，可以说是一项失败的实验。但出乎意料的是，吴天敏教授竟然给这个失败的实验打了最高分（A+）。吴天敏教授告诉彭凯平，这个实验很有想法和创意，并且实验也做完了。对于科学研究来说，在思想上有创新比回答问题正确更有意义、更有价值，这也成为彭凯平一生的科学信念。他认为科学不是做了多少，而是你解决了多少别人从来没有想过的问题，因为思想是科学的精髓，思想创新是科学的动力。从此，彭凯平认为他之前接受的科学训练、科学态度和科学思维是能够在心理学研究中得到验证和使用的，从而坚定了他钻研心理学的信心。彭凯平教授后来创立了跨文化归因中著名的文化投射测验"莫里斯－彭鱼范式"，成为加利福尼亚大学伯克利分校成立130年以来的第一位华人心理学家，2008年回国受聘于清华大学复建后的心理学系的首任系主任，成为中国积极心理学的发起人。

国际管理体系标准中"过程方法"和"PDCA循环"的概念与积

极心理学的 PERMA 模型，以及团体辅导理论的跨学科结合应用，是构建企业幸福体系的必然选择，因为企业幸福体系是企业众多管理体系之一。国际上目前有十分成熟的企业管理体系的实践经验和样板较多，例如 ISO 9001、ISO 14001、ISO 45001、ISO 45003 等。"过程"（Process）是目前在全世界组织内最广泛应用的国际管理体系系列标准的核心概念。管理体系标准在建立与实施管理体系以及提高其有效性时采用了"过程方法"（Process Approach）。过程方法结合了"PDCA 循环"与基于风险的思维。任何活动或任务都可以通过"过程"与"PDCA 循环"来理解。我在企业实践中对过程方法和 PDCA 循环有着深刻的理解和实操经验，具备国际 IRCA 注册管理体系首席审核员职业资格，在国际质量环境健康安全管理体系建立、审核和提供培训的经历近 30 年，涉及的国际标准有 ISO 9001、ISO 14001、ISO 45001、ISO 27001、TL 9000、ISO 50001 等，参与了上百家企业的培训、审核和体系建设，企业的类型包括央企集团、欧美日韩等外资跨国企业、民营企业等，行业涉及通信网络、电子机械制造、银行保险、航空公司、物流运输、宾馆、医院、钢铁化工等。团体工作坊在企业管理活动中是一个非常有效的工作方法，我作为企业团体工作坊的组织者掌握了团体过程的精髓，这些工作坊包括"风险管理工作坊""过程方法和系统管理工作坊""法律法规合规工作坊""重大事件响应工作坊""精益生产和六西格玛改进工作坊""零伤害文化项目工作坊""职业健康管理工作坊""人人都是安全员——积极心理学提高心理韧性工作坊"等。相信"因缘际会"，一切现实的发生就是最好的安排。积极心理学和团体过程的理论就如同一根线，将我的工作和学习经历点点滴滴联系在一起。通过学习和实践，我从开始用质疑的态度看待积极心理学，到现在成为积极心理学的一个实践者和传播者，也受到了成长型思维的影响。

构建企业幸福体系本质上是一个管理问题，正如斯图尔特·克雷纳的管理名言——"管理只有永恒的问题，没有终结的答案"，任何管理问题的解决都没有标准答案可循，解决管理问题要在相关理论的指导下持续不断地实践，解决问题的结果就是要在实践中达成目标而成事。彼得·德鲁克说："管理是一种实践，其本质不在于'知'，而在于'行'；其验证不在于逻辑，而在于成果；其唯一权威是成就。"积极心理学必须扎根于企业实践才有生命力和实际意义。正是因为有过去这些专业的理论和经验的积累，我才能有信心将积极心理学、团体心理辅导、国际管理体系系列标准、过程方法和 PDCA 循环、企业幸福体系这些跨学科的知识有机地结合在一起，提出了积极心理学基于过程方法和 PDCA 循环构建企业幸福体系的途径，同时应用于企业实践中并取得成效。本书第 1 章提出了构建企业幸福体系的 5 个关键分目标；第 2 章展示了积极心理团体辅导基于过程方法和 PDCA 循环的示意图，提出了在马丁·塞利格曼的 PERMA 模型的 5 个元素的基础上，增加第 6 个元素"过程"，形成新的"PERMAP"模型，"过程"元素将 5 个元素汇聚在一起形成通向幸福 2.0 目标的通途；第 3 章提出一种基于积极心理团体辅导构建积极组织行为的过程方法模型；第 4 章提出一种企业幸福体系建设的底线标准与最佳实践的渐进模式，应用积极心理学理论基于过程方法和 PDCA 循环提出了一个构建企业幸福体系的途径，这个途径为企业幸福体系的建立提供了一个可操作的有效方法；第 5 章提出了一种积极心理学在企业构建幸福体系中应用的架构模式，这种应用的架构模式包含了两个层次的应用模块，通过实际应用的案例展示了积极心理团体辅导在企业不同层次需要的应用场景；第 6 章展示了积极心理学在不同企业的应用案例，并提供了基于过程方法的积极心理干预练习模板供企业实践应用。

对于所有帮助过自己的人，积极心理学提倡的最佳干预实践是"感恩"，感恩可以使身心获益，更会加深与他人的互助关系。首先，我要感谢樊富珉教授，她是第一位将团体心理辅导与咨询引进国内的学者。樊富珉教授在将积极心理学理论应用在团体心理辅导实践中提出了积极心理团体辅导理论。早在 2004 年，她主办了中国第一个积极心理学工作坊，为积极心理学在中国的生根发芽贡献了坚实的力量。在 2021 年第五届中国国际积极心理学大会上，樊富珉教授获得"孙立哲——中国积极心理学终身成就奖"。在积极心理学认证指导师项目研究过程中，樊老师高尚的品格、严谨的态度和专业的积极心理团体辅导技能使我受益匪浅，长进颇多。同时要感谢彭凯平教授、孙沛教授、赵昱鲲老师、张鹏老师、刘家杰老师、张进老师、刘丹老师、白雪峰老师、肖菲老师和张欣老师等从初级班、实践班到认证班倾囊传授积极心理学的理论和实践，我每每如醍醐灌顶，受益匪浅。

在完成清华大学积极心理学认证指导师培训后，我参加了积极心理学指导师校友联谊会，有缘结识了企业幸福力项目组负责人张馨文和联谊会总协调人杨坤，她们对积极心理学在企业的落地实践投入很大的精力并积极行动。同时要感谢佟静、石哲明和聂含聿等同仁，大家一起致力于积极心理学的落地实践，积极心理学的企业实践工作因此取得很多成效。积极心理学必须扎根于企业的实际，才能将其和团体辅导有效地应用于构建企业幸福体系这个目标上来。本书就权当抛砖引玉，成为积极心理学在构建企业幸福体系实践过程中的探路石吧！书中的观点和方法难免有考虑不周或错误之处，请读者们和积极心理学的同道者批评指教，不胜感谢！

本书各个章节的分工如下。第 1 章：李晴昊（1.1～1.3，1.4.2，1.4.3，1.4.5，1.4.8，1.5～1.7），张馨文（1.4.1，1.4.4），杨坤（1.4.6，1.4.7）。

第 2 章：张馨文（2.1.1），李晴昊（2.1.2，2.2 ~ 2.5）。第 3 章：李晴昊（3.1，3.2.4，3.3 ~ 3.7），张馨文（3.2.1，3.2.2），杨坤（3.2.3）。第 4 章：李晴昊。第 5 章：李晴昊。第 6 章：李晴昊、张馨文（6.1），张馨文、杨坤（6.2），李晴昊、张馨文（6.3）。此外，李晴昊负责全书的架构策划和统稿。

　　同时要感谢我的家人们，对我利用周末参加清华大学积极心理学研究中心认证指导师学习给予的宽容和支持，亲人们的鼓励也是我有信心完成本书创作最有力的后盾。在完成书稿的当下，我深刻地体会着沉浸在取得积极心理学实践成果的"福流"涌动的快乐，也许这就是彭凯平教授提到的"幸福的极致体验：澎湃的福流"吧！

李晴昊

2024 年 11 月 11 日

目 录

第1章
绪　论

"我绝对不会为了眼前的短期利益而出卖公司的未来！"

——维尔纳·冯·西门子

积极心理学的创始人之一马丁·塞利格曼用"Happiness"这个词代表幸福 1.0，用"Well-being"这个词代表幸福 2.0，前者更侧重于感觉上的幸福，后者更侧重于蓬勃人生的幸福。他认为，积极心理学的主题是幸福 2.0 理论，幸福的概念包括 5 个元素：积极情绪（Positive Emotion）、投入（Engagement）、积极的人际关系（Relationships）、意义（Meaning）、成就（Accomplishment），也称为 PERMA 模型，支撑 5 个元素的基石是 6 大美德和 24 项品格优势。幸福的目标是提升 PERMA 模型的 5 个元素，使人生丰盈蓬勃，这是关于个人层次的幸福概念的一种理论。那么，关于幸福企业这样一个涉及积极组织行为学的个人、群体和组织三个层面的概念又应该如何理解呢？正如理解个人幸福，不能简单地问"你幸福吗"这样是与非的问题一样，理解幸福企业，也不能简单地问"你的企业是幸福企业吗"这样是与非的问题。幸福企业是什么？幸福企业与个人幸福的相互关系如何？幸福企业应该如何评价？在回答这些问题前，我们先来了解一下几个与幸福企业相关的案例。

2004 年，中国人力资源开发网从美国引进了一套工作幸福指数评价系统，在全国范围内调查了 5000 多名在职人士，并完成了"中国工作幸福指数调查报告"，这是国内最早开启的企业幸福调查的实践活动，调查的问卷主要关注个人的幸福感、情绪调查，对群体和组织层面涉及较少。权威的福布斯杂志从 2017 年开始发布全球最佳雇主排行榜，这份国际榜单自发布之日起一直备受关注，榜单基于德国数据统计公司 Statista 发布的一套严格的统计方法，邀请来自 57 个国家的超过 15 万名员工进行评分，选出全球最佳的 800 名雇主，评分由"雇主形象""组织管理""培训发展""工作环境""薪酬福利""创新实践"六大板块组成，邀请报名企业雇员匿名对其所就职的企业进行评分，最佳雇主排行榜的调查问卷除了关注个人福祉层面，也关注群体和组织层面，最佳雇主排行榜虽然不是幸福企业的排行榜，但是其评价的维度值得借鉴。在探索幸福企业的研究中，岳川博提出了幸福企业的 5 个基本特征：幸福人基本假设、企业的成就、企业的文化特质、企业家身心状态与人生境界、员工的成长与幸福感。帅师与郭金山等提出了幸福企业的 4 个核心观点：持续的健康状态、积极的组织氛围、重要的组织资本、幸福管理模式。并将员工个体幸福与企业幸福有机地结合在一起，提出了交通银行幸福指数模型，模型包括幸福管理指数、员工幸福能力指数、员工幸福指数。中国文化管理协会在 2019 年颁布了《企业幸福指数评价标准》用以开展企业幸福指数评估，这是世界上最早颁布的用于测评企业幸福要求的标准。2022 年 5 月，世界著名的会计师事务所安永公司任命了第一位首席幸福官来关注企业幸福的建设，首席幸福官的主要职责是致力于在公司营造关怀氛围，解决团队的情感、身体、财务和社会幸福感等问题。2023 年，北京外企人力资源服务有限公司（FESCO）联合清华大学积极心理学研究中心进行了幸福企业调查，发布了《2022 幸福企业报告》，报告总结了幸福企业的六大维度：个人发展和成长、企业实力与未来发展、人际氛围、福利待遇、情感体验和工作体验，这六大维度不仅是构建幸福企业的重要因素，而且对企业员工的满意度也有着重要的影响。调查结果显示，员工心中的幸福企业的重要影响因素依次为：一是企业硬实力，二是人文环境及员工关怀，三是企业社会责任与愿景。2024 年 5 月 21 日，

"2024幸福企业百强榜"在人民日报社新媒体大厦揭晓，获得"幸福企业综合10强"的分别是：阿里云、爱立信中国、巴奴毛肚、北京环球度假、北京小米、阜丰集团、广州医药、壳牌中国、西门子能源中国、中铁建工，幸福企业依据的三个核心评价体系包括：责任领航、共荣发展、卓越雇主。从这些案例可以看出，对幸福的探讨一直是整个社会关注的热点问题，发展的趋势是从关注个体幸福逐步过渡到关注组织幸福，这些积极的探索不仅涵盖幸福的定义和意义，也包括幸福的维度、评价模式、个人与组织实践等各个方面，下面将依次阐释这些内容，并在最后一节介绍每章的核心内容，展示全书的逻辑结构，即构建企业幸福体系的框架与本书各章的关系。

1.1 幸福是什么

幸福对人类很重要，幸福是什么？幸福的意义又是什么？人们通常倾向于将幸福与快乐联系在一起，例如品尝美味佳肴、欣赏一段动听的音乐、从公园跑步回来等。快乐当然是幸福的一部分，但又不是幸福的全部。古代哲学家、科学家和历史上的圣贤们都试图通过不同的角度来形容幸福，例如，希腊三贤苏格拉底、柏拉图、亚里士多德认为，要获得幸福，必须条件是追求高尚的生活；中国的圣人孔子认为生命的意义在于将人的日常生活与伦理、教育、和谐社会等联系在一起。他们都认为幸福远远超出那些转瞬即逝的快乐感受，他们也提出一些根本原则，人们如果遵循这些原则，就能获得幸福。

享乐主义原则追求快乐最大化而降低痛苦至最小化。阿瑞斯提普斯在几千年前提出了享乐主义原则并将追求快乐而获得最直接的感觉满足当作幸福的最高追求。合乎道德的享乐主义认为人们最根本的道德责任就是体验快乐最大化。享乐主义原则目前在西方社会依然被广泛地接受。享乐主义的对立面是福祉论，福祉论认为人们要对自己的内在自我保持真诚。真正的幸福包括认同自己的美德并培养它们，并与道德和谐共存。福祉论在西方社会也获得了广泛的尊重和认同。亚里士多德认为享乐主义是庸俗的。福祉论强调人们应该充分发挥自己的能力，并将这些能力应用到伟大的目标上，如为他人或者人类的幸福而努力。同样，在现代社会，对有意义生活的追求被广泛当作获得满足的途径。克里斯托弗·彼得森认为，近代的研究表明了福祉可以超越快乐成为生活满意度的预测指标，通过不同实证研究发现，凡是以福祉为最终目标的人比那些单纯追求快乐的人对自己的生活更加满意。在同等条件下，享乐主义对于长期的幸福的贡献比福祉论要小很多。完整的生活既需要获得快乐，也需要追求崇高的目标，两种目标的共同追求才是人们对生活满意的保证。反过来说，凡是既没有享乐追求也没有福祉追求的人们，大概率是对生活不满意的。人们追求满意的人生，享受过程中的快乐，追求幸福的结果对每个人的健康满意的生活有重要的影响。有两个经典的研究案例阐释了幸福的意义，说明幸福与真诚的微笑也有关。

案例一是隐藏在修女自传中的长寿秘方的研究。美国肯塔基大学的研究员黛博拉·丹纳和她的同事们对一些 1917 年前出生的正在参与一项老年痴呆症追踪研究的修女们进行了研究，这些修女们在 1931 年左右刚进入修道院时都写过简短的自传，介绍她们的生活和入教原因，那时她们 20 多岁。丹纳等人发现，通过修女们年轻时写的自传，能区别每个人的幸福程度。2001 年，她们将相关研究成果写成《生命早期积极情绪与长寿的关系》一文并发表。在研究中，她们选了其中 180 名修女的自传，根据自传中出现的情绪内容进行评分。评分依据很简单，就是分别记录句子中出现过的积极情绪和消极情绪的词汇的数量。用这种方法从这群修女中找出最幸福的 25%（45 人）和最不幸福的 25%（45 人）。结合她们的寿命追踪数据，该研究发现，自传中体现的积极情绪（幸福）和消极情绪内容与寿命有非常显著的相关性，最不幸福的 45 人中，只有 54% 活到 85 岁，而最幸福的 45 人中，近 80% 都活到 85 岁；最幸福的修女们活到 93 岁的可能性是最不幸福的修女们的近 3 倍。修女研究证明了幸福的人寿命更长，大量其他研究也得出类似结论。幸福不只影响寿命，在衡量健康的指标中，除了寿命长短外，还有是否患病、伤残、身体功能、病后康复速度等，幸福能全面改善这些指标，降低多种疾病的发病率。面对感冒病毒的侵袭，幸福的人被感染的可能性更小，即便患了感冒，他们出现流鼻涕、发烧等症状的比例也更低，康复得更快。幸福感可以预测老年后的身体功能，幸福的人身体功能老化得更慢，受伤的可能性更小。

案例二讲述了幸福与迪香式微笑（Duchenne Smile）的关系。美国加利福尼亚大学伯克利分校的教授哈克和凯尔特纳等跟踪研究了密尔斯女子学院 1960 年毕业照上的 114 个女生的笑容、颜值与幸福的相关性。他们对 1960 年毕业同学的毕业照片进行分析发现，在当年 114 个女毕业生中，除 3 个人没有笑，有 50 多个女生始终保持迪香式微笑，有 60 多个女孩属于不笑或者装笑。研究人员分别在这些女生 27 岁、43 岁和 52 岁时回访她们，了解其婚姻状况和对生活的满意程度等。结果令人惊讶，微笑中的鱼尾纹与一生的幸福高度相关，即拥有迪香式微笑的女生一般来说更可能结婚，并长期维持婚姻，在以后的 30 年也过得比较如意。该研究同时发现美貌与婚姻是否美满、人生是否幸福无关。迪香式微笑的特点是：笑容饱满，牙齿露出，面颊提高，眼睛周围有褶皱。迪香式微笑是行为心理学家保罗·艾克曼通过多年的研究结果总结出的辨别伪装笑容的关键技巧。艾克曼在翻阅资料时偶然发现，早在达尔文的年代，就有法国解剖学家迪香·博洛尼发现了藏在笑容背后的秘密，并于 1862 年在《人体生理机制》这本书中提出。迪香·博洛尼使用电生理和放大的技术对每一部分的肌肉的细小变化及其带来的面部褶皱进行分析发现，欢悦的情绪表达在颧骨肌肉和眼周轮匝肌上，前者可以被有意识地控制，后者却只能被真实的快乐驱使。那些伪装的笑容无法引起后者的收缩，眼周的肌肉是情绪的真实传达者。保罗·艾克曼认为，这种包含了面部颧骨肌肉和眼周轮匝肌肉的变化的笑容，才是真的发自内心的欢乐微笑，并把它命名为"迪香式微笑"。

在现实中，什么是幸福和追求幸福都是很复杂的，并不只有享乐主义和福祉论两种说法。积极心理学家马丁·塞利格曼、米哈里·契克森米哈赖、克里斯托弗·彼得森等都充分认识到了这个问题，例如，塞利格曼认为追求成就也是达到幸福的可能途径；契克森米哈赖提出对福流的投入追求；彼得森认为幸福应该被指定为积极心理学的研究领域，而幸福本身是不可研究的，可研究的是其特定的表现，并从特定的角度定义幸福，采用相应的方法进行测量。

1.2 幸福的测量方法和模型

1.2.1 生活满意度量表

克里斯托弗·彼得森认为幸福（Happiness）这个词汇更容易在大众化的报告中使用，而在研究文献中经常使用的同义词是生活质量、主观幸福感、生活满意度等。生活质量是对一种良好生活的全面评价，包括了情绪、体验、评价、预期以及成就的衡量。主观幸福感是指相对高水平的积极情绪和相对低水平的消极情绪，以及人们对自己的生活是否满意的一个整体判断，后者也被定义为生活满意度。研究人员更倾向于测量生活满意度，因为这个指标在相对稳定的同时，也对生活环境的变化有足够的敏感性。生活质量、主观幸福感、生活满意度这些概念也经常被用来测量幸福感，实证研究表明，这些概念很大程度上有测量的一致性。采用自我报告和访谈的方式，测量起来相对简单和直接，而且经济实惠。测量方法是研究者通过标准化的问题来确定人们是否幸福，通常会指明一个时间段，如现在、过去或一般来说。证明自我报告对于生活满意度的有效性的方法就是与研究人们日常生活中行为、感受和思考的研究方法经验取样法（Experience Sampling Method，ESM）的测量结果进行对比，看一致性有多少。从结果来看，一致性很高。判断一个测量方法的充分性的最好方法就是看看它的结果到底能让我们得到什么。这些结果是一致的、合理的、有趣的吗？当前研究一般幸福、生活满意度及快乐的测量方法有很多种，其中最受欢迎的是"生活满意度量表"。该量表包括 5 个条目，每个条目分为 7 个级别，从 1（强烈不同意）到 7（强烈同意），每个级别得分从 5 分到 35 分。

- 大多数情况下，我的生活接近理想状态。
- 我的生活状态很好。
- 我对自己的生活感到满意。
- 到目前为止，我已经得到了我认为生活中最重要的事物。
- 如果我可以再活一次，我不想改变任何事情。

要想评价一种测量方法对于个体差异测量的充分性，心理学家要查看每种测量方法的信度和效度。信度指内部一致性，即表面上测量相同概念的不同题目是不是得到了类似的回答？信度还代表了稳定性（主要由重测信度体现），即同一个人在不同时间做同一份问卷是否得分一致？除此之外，更关键的是测量方法的效度，即测量得到了想要的结果吗？如果有幸福的客观标准，可以将测量结果与客观标准相比较，看是否一致就可以知道测量结果是否有效了。目前的幸福和主观幸福感的测量方法，在信度和重测信度两个指标上都很一致和稳定，且基本到达中等效度。

1.2.2 积极心理学的 PERMA 理论

马丁·塞利格曼特别强调他在整个职业生涯中是一个研究型的科学工作者，素来谨慎保守，写作内容都立足于严谨的科学基础，比如统计测量、有效的问卷调查、深入的调研，以及有代表性的大样本研究等。与许多流行的心理学书籍和心灵鸡汤相比，他的作品科学性更强，可信度也更高。过去的几十年，心理学只关心一件事，那就是心理疾病，而且做得不错，人们可以对抑郁症、精神分裂症、酗酒等问题做出非常精准的描绘，并且已经有很多心理疾病可以通过药物和心理治疗的方式进行有效医治。但是，谁都不愿意糊里糊涂地度过一生，我们更需要的不是一天天地减少痛苦，而是找到自己的优势和生活的意义，让自己的生活变得越来越幸福。现在，心理学已经走到了了解积极情绪、建构优势和美德、帮助人们获得幸福的时候了。1998 年，时任美国心理协会主席的塞利格曼呼吁心理学应当在原有的崇高目标之外补充新的目标：探索生命的意义，建立促进人生美好的有利条件。这一目标并不等同于理解苦难，消除生活中的不利因素。他的书《持续的幸福》阐释了构建幸福的具体方法，他称之为幸福 2.0，以区别于他在《真实的幸福》中阐释的幸福 1.0 理论。他提出，幸福 2.0 中实现幸福人生应具有 5 个元素，即要有积极的情绪（Positive emotion）、要投入（Engagement）、要有良好的人际关系（Relationships）、做的事要有意义和目的（Meaning and purpose）、要有成就感（Accomplishment），可称为 PERMA 模型。衡量幸福 1.0 理论的黄金标准是生活满意度，积极心理学的目标是提高生活满意度。衡量幸福 2.0 理论的黄金标准是人生的蓬勃程度，积极心理学的目标是提升积极情绪、投入、意义、积极人际关系、成就，使人生更加丰盈蓬勃。PERMA 幸福量表就是基于 PERMA 原则开发的，该量表中 PERMA 有 5 个维度，每个维度对应 3 个题目，此外还有消极情绪、健康、孤独、总体幸福四个维度，总共 23 个问答题。量表来自巴特勒和克恩于 2016 年发表在《国际幸福期刊》（*International Journal of Well-being*）上的研究，该研究开发出的量表经过了多达 30000 名参与者的检验，均被证明是高度有效和可靠的。

1.2.3　沙哈尔 SPIRE 幸福模型

泰勒·本·沙哈尔十分推崇积极心理学，并将其称之为"研究人类最佳潜力的科学"。他认为在积极心理学建立之前，人们对幸福的研究主要被大众心理学占领，在众多关于自我激励的培训和书籍中，这些内容确实让人感到有趣，但是，绝大多数研究缺乏实证性的内容，它们所提出的"幸福的五大步骤""成功的三大秘密""找到完美爱人的四大法宝"等，通常是空头承诺，以致多年后人们对"自我激励运动"仍充满质疑，甚至嗤之以鼻。另外，学术研究中许多极富实证性的研究和成果无法应用于大众生活。沙哈尔认为，积极心理学就是连接"象牙塔"和"主干道"的桥梁，它既有学术的严谨性与精准性，也具备激励运动给人们带来的愉悦和乐趣。正因如此，积极心理学家所提供的方法有时候可能跟那些激励大师的建议听起来很像，简单易行，但是这种简单易行与自我激励运动有着本质的区别。沙哈尔指出，幸福既非来自眼前欲望的简单满足，也不是将欲望的满足延迟到遥不可及的"未来的某一天"，他强调人生有两种基本需求，那就是"当前的快乐 + 未来的获益"。他认为幸福的定义应该是意义和快乐的结合，既有明确的人生目标，又可以体验当下的喜悦情绪，生命的终极目标应该是幸福，这是一个高于其他所有目标的总目标。他把幸福的实践称为"心行动",即"心动"加"行动",只有"心行动"才能让理论焕发真正的生命力。

泰勒·本·沙哈尔知道幸福很难定义,而且每个人对幸福都有不同的理解,包括心理学家在内的很多人都认为幸福就像"美":当你看见它、经历它时,你便会知道它。尽管很难定义,但沙哈尔坚持认为,为了理解幸福、追求幸福和获得幸福,给幸福下一个定义至关重要,他说这个定义并不否定他人对幸福的定义。沙哈尔的简洁定义是"全人幸福"(Whole Person Wellbeing),或者说"幸福就是全然为人"。沙哈尔提出构成幸福的关键要素 SPIRE 幸福模型,这个模型使用了 5 个英文字母来代表幸福的 5 个关键要素,分别是精神"S"(Spiritual)、身体"P"(Physical)、心智"I"(Intellectual)、关系"R"(Relational)和情绪"E"(Emotional)。这些要素有助于"全然为人的幸福",是使人变得越来越幸福的关键。他认为,通过关注和提升这 5 个方面,人们可以有效增强自己的幸福感。追求幸福的正确途径是用间接的方式追求幸福,将注意力集中在构成幸福的要素上。幸福模型可以让我们在任何时刻都能找到方法来获得幸福感。S:我们要为任何事增添意义感和目标感;我们要专注于当下,完全投入地活在当下。P:身心合一,生理和心理彼此关联并相互影响;我们既要通过放松照顾好自己的心灵,也要通过适当锻炼照顾好自己的身体。I:要培养我们的好奇心,养成深度学习的好习惯,学会接受失败,从失败中学习。R:这是获得幸福感最重要的因素。学会建立深层关系,懂得滋养那些一直滋养我们的人际关系。懂得照顾他人,更要懂得照顾自己。E:接纳且拥抱所有情绪,通过感恩体验更多的积极情绪,让情绪形成上升螺旋状态,持久地停留在幸福高空。

幸福体验是一个不断进阶的过程,追求幸福感是一场延续一生的旅程。在后疫情时代这一充满挑战的时期,对幸福的研究显得更加重要了。对 SPIRE 幸福模型的 5 个要素可以进行测评,测评的等级从 1 分（代表非常少）到 10 分（代表非常多），5 个要素分别代表 5 个维度的幸福等级。通过测评我们可以获得自己的幸福基线水平，幸福基线水平只代表目前的幸福状态，在之后的时间通过连续的幸福实践练习，不断地培养起反脆弱的能力，再进行测评，人的幸福状态会发生不同的变化，人的反脆弱的能力对应对人生的起起落落非常重要。SPIRE 幸福模型就如同经过加固的高层建筑可以抵御地震一样，可以让人拥有幸福大厦的一个稳定的支撑结构，培养起反脆弱的能力，使之不仅能在各种挑战中幸存，即使在灾害或逆境中也能发现幸福，使人更强大和更幸福。

1.3 幸福企业与积极组织行为

前面描述的幸福的定义、模型及测量方法等主要涉及个人的幸福，在现实社会中，除了个人的幸福，组织的幸福也是一个广为关注和探讨的话题。因为组织包括的类型有很多，如政府、学校、医院、军队、非政府机构、企业等，本书重点讨论企业的幸福体系问题，所以，后面提及的幸福组织问题采用幸福企业的表述，本书关于构建企业幸福体系的途径和实践同样适合于构建组织的幸福体系。在讨论企业的幸福体系问题时，幸福企业的概念会时不时被提起，幸福企业该如何定义？幸福企业的模型如何？幸福企业的测量方法又是如何实现的呢？让我们先了解一下泰勒·本·沙哈尔的幸福观。

泰勒·本·沙哈尔研究幸福是因为他曾经不幸福，他不确定自己不幸福的程度是否达到了可以被诊断为忧郁症或焦虑症的标准，但是他确定多数时候感觉到很难过，而且承受了巨大的压力，这激发了他学习积极心理学的兴趣。30 年后，人们问他："你现在终于幸福了吧？"沙哈尔的回答是"他不知道"，但他知道的是他现在比以前更幸福。所以沙哈尔认为时常问自己"我幸福吗"这个问题很重要，但是意义并不大。因为如何判定自己是否幸福、什么时候才能变得幸福、幸福是否有统一标准，以及如果我们的幸福取决于与他人的比较，那么周围人究竟有多幸福等问题很难有确切的答案。"我幸福吗"这个问题本身就暗示着对幸福的两极看法：要么幸福，要么不幸福。在这种理解中，幸福成为一个终点，一旦到达，对幸福的追求就结束了，但实际上这个终点并不存在。而另外一个问题"我怎样才能更幸福"却更与幸福的本义吻合：幸福是一个长期追求、永不间断的过程中的某一段。比如，人们可以说现在要比过去 10 年幸福，也希望 10 年后能比现在更幸福。幸不幸福并非一成不变，也不是非此即彼，并不存在一个幸福的临界点，幸福体验是一个不断进阶的过程。

类似的道理，幸福企业也不应该是一个是与非的问题，即判断幸福企业不能简单地问"你的企业是幸福企业吗"。幸福企业是涉及积极组织行为学的有关个人、群体和组织三个层面的概念，企业追求幸福也是一个长期追求、永不间断的过程中的某一段。构建幸福企业体系离不开对积极组织行为学的探讨，因为积极组织行为学是在积极心理学理论创立的较早时期引入组织行为领域的结果。

积极组织行为学（Positive Organizational Behaviors）概念的提出者弗雷德·卢桑斯曾坦言他的思想火花来自 1999 年参加的第一届积极心理学会峰会，会议结束后，卢桑斯决定将积极心理学的方法和概念引入组织行为领域。积极组织行为学借鉴了积极心理学理论，将乐观、希望、主观幸福感等积极情绪纳入组织行为学的体系，并借鉴了积极心理学的观察、实验与测量技术和方法。此外，积极组织行为学也借鉴了医学、健康、社会工作和教育等领域的概念和研究成果，同时跨越了多门学科。积极心理学运动是触发积极组织行为学的源起，是积极心理学的首要理论基础。卢桑斯对积极组织行为学的定义为：对具有积极导向且能够测量、开发和有效管理的，能实现提高绩效目标的人力资源优势和心理能力的研究和应用。积极组织行为学研究的主要任务不仅仅是管理人的缺点，还包括在工作中发挥人的优势，由传统的关注人的消极特性方式转向关注积极特性的全新视角看待组织。为了避免将态度、人格、动机、领导等传统组织行为领域的许多概念也归为积极组织行为学的研究范畴，卢桑斯设定了四项标准用于挑选研究的对象：第一，具有积极性；第二，必须有清晰的概念界定、丰富的理论基础并具备有效的测量方法；第三，有助于改善工作绩效，工作绩效提升是积极组织行为学的最终目标和价值体现，员工的健康与快乐也应该是目标；第四，具备有效的开发方法，适合进行工作中的管理开发和员工训练。卢桑斯根据这四项标准确定了研究对象，即心理资本（Psychological Capital，简称 PsyCap），这是卢桑斯定义的积极组织行为学中的核心概念，指个体在成长和发展过程中表现出来的一种积极心理状态。具体表现为在面对富有挑战性的工作任务时，有信心（自我效能"Efficacy"）承担并付出一定的努力来获得成功；对现在和将来的成功有积极的途径（乐观"Optimism"）；对既定目标锲而不舍，为取得成功，在必要时能调整实现目标的途径（希望"Hope"）；当身处逆境和被问题困扰时，能够持之以恒，迅速复原，甚至超越（韧性"Resilience"）以取得成功。

目前，测量心理资本最有效的工具是 24 条目的心理资本问卷（PCQ-24）、12 条目的心理资本问卷（PCQ-12）和 8 条目的内隐心理资本量表（I-PCQ）。研究表明，心理资本与工作场所中的绩效显著相关，无论是单个组成部分（希望、自我效能、韧性，乐观），还是合并后的整体心理资本，均是如此。因此，心理资本成为一种有意义的、合理的投资，同时也意味着它可以提升组织绩效，帮助组织维持竞争优势，这一点就使心理资本与其他积极心理能力区别开来，其他积极心理能力一般被当作目的本身，不具备提升个人和组织绩效的作用。

　　卢桑斯的积极组织行为学的定义将研究对象局限在个体层面的心理资本上，没有考虑群体和组织层面。本书认为，对于有积极导向和对传统组织行为学领域有创新的，能够被测量、开发和管理，从而有助于提高个人绩效、组织绩效目标的都属于积极组织行为。从积极组织行为学的概念和研究的内容可以看出，积极组织行为与幸福企业并不能画等号，积极组织行为是企业构建幸福体系一个很重要的部分，但不是全部。企业幸福体系涵盖的内容比积极组织行为更广泛和全面，这些内容将在书中第 3 章和第 4 章详细阐释。

1.4　幸福企业的评价方式

　　对于个人的幸福测评，不仅有传统简明的生活满意度量表、福代斯幸福量表等，也有多维度的积极心理学的 PERMA 量表和"全人幸福"的 SPIRE 幸福模型测量等，大量的实证研究表明了这些量表对于目前的幸福和主观幸福感的测量在信度和重测信度两个指标上都很一致和稳定，在效度上可靠。而对企业（或组织）的幸福测评是一个更为复杂的问题，按照组织行为学的概念，企业有个人、群体和组织的三个层次，企业的幸福测评必须考虑到这三个层次。个人的幸福测评一般通过自我报告和访谈进行，测量起来相对简单和直接，而且经济实惠。测量方法是研究者通过标准化的问题来确定人们是否幸福，通常会指明一个时间段，如现在、过去或一般来说。而对于企业的幸福测评无法采用这种方式来完成，虽然个人和群体可以以自我报告的形式汇总呈现部分组织的结果，但好像这种测评还缺失了很多组织健康运营的要素，如组织与个人绩效、企业社会责任、人力开发和培养、福利薪酬、组织文化与环境、组织可持续发展等。因此，幸福企业的测评需要一个更为广阔的视野和合适的评价体系，表 1–1 列举了目前社会上已经实践过的评价企业表现的测评方式和方法，这些评价方式有联合国的《全球幸福指数报告》、福布斯杂志的全球最佳雇主排行榜、中国幸福企业百强榜、《中国企业幸福指数白皮书》、《中国工作幸福指数调查报告》、帅师和郭金山的幸福企业模型、岳川博的幸福企业五个特征理论、《企业幸福指数评价标准》等。值得注意的是联合国的《全球幸福指数报告》，这个报告虽然是对幸福国家的评价而非对具体企业的评价，但是，作为权威的幸福评价方式，其评估幸福的维度和方式都值得借鉴。这些测评方法还没有完全达到我们期望的幸福企业评价的要求，在评价的内容、评价的量表、评价的信度和效度、评价体系等方面都还有很大的差距，但是他山之石仍然可以借用，例如，中国文化管理协会在 2019 年颁布了《企业幸福指数评价标准》用以开展企业幸福指数评估，这是世界上最早颁布的用于测评企业幸福要求的一个标准，这个标准为构建企业幸福体系提供了一种可实践的思路和途径。

表 1-1　几种企业评价方式的维度分类比较

企业评价方式	个人层面	群体层面	组织层面
《中国工作幸福指数调查报告》	总体工作幸福指数 正面情绪体验 负面情绪体验		
《中国企业幸福指数白皮书》			高效、创新、绿色
幸福企业的五个特征理论	幸福人基本假设 员工的成长与幸福感	企业家身心状态与人生境界	企业的成就 企业的文化特质
幸福企业模型	持续的健康状态		积极的组织氛围 重要的组织资本

（续）

企业评价方式	个人层面	群体层面	组织层面
全球最佳雇主排行榜	薪酬福利 培训发展	工作环境 创新实践	组织管理 雇主形象
《企业幸福指数评价标准》	生活愉悦 心理资本	工作环境 人际环境 领导方式 成长环境	组织环境
中国幸福企业百强榜	福利待遇 情感体验 个人发展和成长	工作体验 人际氛围	企业实力与未来发展
联合国的《全球幸福指数报告》	健康预期寿命 国民内心幸福感 人生抉择自由	生活水平 人均国内生产总值	社会清廉程度 社会慷慨程度

　　如果将这些评价方式的维度进行汇总比较，从个人、群体和组织的不同层面分类，便能够看出每种评价的侧重点和方法的不同之处，表 1-1 中的分类方式仅作为比较参考。从表 1-1 中可见，在评价的早期，评价的方式考虑的维度比较局限，如 2004 年的《中国工作幸福指数调查报告》仅关注个人层面；2010 年的《中国企业幸福指数白皮书》仅关注组织层面。最近十几年的评价方式和维度已经覆盖了个人、群体和组织的所有层面，评价的维度更为全面和合理。对于幸福企业的评价方法和维度，形式可以多样化，但必须考虑到个人层面、群体层面和组织层面的全维度测评。这也是幸福企业与幸福个人评价内涵的区别所在。

　　在介绍这些评价方法和实践前，我们先看看世界著名的安永公司任命了第一位首席幸福官的案例，这个案例代表了企业在追求业绩的同时，也更加关注员工的福祉和追求幸福管理的新趋势。2022 年 5

月，世界著名的会计师事务所安永公司任命了第一位首席幸福官来关注企业幸福的建设，首席幸福官的主要职责是致力于在公司营造关怀氛围，解决团队的情感、身体、财务和社会幸福感。安永公司指出，设立首席幸福官的目的就是让人们更快乐，员工感受到被尊重、被领导信任可以让他们工作得更出色。员工需要自信和自主性，他们的积极态度将有助于提升客户的满意度，这也会使公司的收入增长，可以说各方受益。安永希望做有"温度"的公司，公司在关爱员工方面已经投入了很长时间，2020年初，安永启动了一项20亿美元的投资，这项投资包括如下全方位关爱员工的措施：用于其团队成员的整体奖励，其中包括报酬、奖金计划和福利；免费咨询和心理健康辅导课程从每年5次增加到25次，公司员工及其家庭成员均可参加；安永将其年度福利基金从每人500美元增加到1000美元，这些资金将帮助员工支付各种费用，如假期、旅行、游戏机、健身课程、符合人体工程学的家庭办公设备、送餐服务和户外健身设备；公司还将儿童和成人护理支持计划的福利加倍，将备用护理从12天扩大到24天，并提供辅导资源；安永的福利计划为员工提供了灵活的工作地点和方式，鼓励团队合作制定远程或面对面互动以及团队建设的最佳组合；安永同时启动了过渡基金，提倡领导者积极与他们的团队接触，并为与混合团队建设活动有关的任何费用提供报销，如通勤、宠物护理等；安永确定了幸福指数来判断新政策是否达到了改善员工福利的目标，幸福指数评估的结果将有助于公司决定是否做出改变或采取干预措施，以不同的方式帮助人们。

1.4.1　联合国的《全球幸福指数报告》

联合国的《全球幸福指数报告》是对幸福国家的评估报告，首次报告发布于2012年在不丹举行的幸福指数讨论大会上，时间跨度从

2005 年至 2011 年，调查对象是全球 156 个国家。报告的标准包括 9 个大领域：教育、健康、环境、管理、时间、文化多样性和包容性、社区活力、内心幸福感、生活水平等。在每个大领域下分别有 3~4 个分项，总计 33 个分项。2022 年，芬兰连续 5 年被评为世界最幸福国家，排名前 5 位的国家依次为芬兰、丹麦、冰岛、瑞士和荷兰。排名最靠后的国家是阿富汗，为第 146 位。《全球幸福指数报告》每年一期，在全世界范围内得到了政府、机构组织、社会团体等的认可。这份报告基于人均国内生产总值、健康预期寿命、生活水平、国民内心幸福感、人生抉择自由、社会清廉程度以及慷慨程度等多方面因素进行研究并得出结果。《全球幸福指数报告》的编撰主要依赖对 150 多个国家的 1000 多人提出一个简单的主观性问题：如果有一个从 0 分到 10 分的阶梯，顶层的 10 分代表你可能得到的最佳生活，底层的 0 分代表你可能得到的最差生活，评价人可以自己对现在的生活给出一个分值。联合国确定每年的 3 月 20 日是国际幸福日。

1.4.2　福布斯杂志的全球最佳雇主排行榜

权威的福布斯杂志每年评选的全球最佳雇主排行榜由"雇主形象""组织管理""培训发展""工作环境""薪酬福利""创新实践"六大板块组成，邀请报名企业雇员匿名对其所就职的企业进行评分，最佳雇主排行榜的调查问卷除了关注个人福祉层面，也关注群体和组织层面。福布斯与 Statista 合作调查了来自 57 个国家的 15 万名在跨国公司和机构工作的全职和兼职员工，以确定哪些雇主在企业影响和形象、人才发展、性别平等和社会责任方面表现出色。调查参与者被要求评估自己向朋友和家人推荐雇主的意愿，以及对各自行业中脱颖而出的其他雇主进行正面或负面的评价，榜单涵盖了 800 家得分最高的企业。福布斯 2022 全球最佳雇主榜中，美国企业共计 247 家，德国企业占据了 110 席，其次是法国的 75 席。2022 年的评比结果中，榜单前 10 名主要为大型科技巨头，三星、微软和 IBM 雄踞榜首。中国 55 家企业上榜，包括华为、京东、平安保险、小米、字节跳动、美的、潍柴、海尔智家等企业。福布斯表示，在全球新冠疫情大流行的背景下，受访员工普遍认为，除了更高的薪水、更好的福利和晋升机会以及工作与生活的平衡之外，目标导向的工作是他们关心的头等大事，求职者和转行者都将寻找目标驱动型工作列为首要任务，在应对危机或困难时，企业的目的是创造影响，而不是袖手旁观，这使得拥有全球员工的组织变得更加强大。

2023 年 8 月，福布斯中国发布"2023 福布斯中国·最佳雇主"年度评选结果。什么样的雇主领导力与文化能持续创造新价值？这是福布斯中国在设计与思考雇主系列评选时一直想要回答的核心问题。评选维度则立足于雇主和雇员的双重视角，以公开报名、问卷调研等方式获取反馈，并邀请各领域专家学者从多元化维度对企业进行评估审视，从而保证评选的独立性与专业性。2023 年评比入选的企业是海尔集团、联想集团、蚂蚁集团、蒙牛集团、强生中国、商汤科技、施耐德电气、星巴克中国、中国生物制药、中金公司等。调研显示，为了适应快速变化的商业环境，雇主正努力满足雇员对于提升数字技能的需求；继任实践对商业世界的影响与日俱增，越来越多的企业将其视为组织发展中的优先考量因素，并将其应用在企业可持续发展、企业文化、投资决策，以及对内部高级人才的"选、用、育、留"等方面；薪资回报依然是重要的赋能要素。

1.4.3 《中国工作幸福指数调查报告》

在充满市场竞争的现代社会中，如何通过有效的管理来提高员工的工作效率，保持员工良好的工作情绪，以尽量减少人员流动与缺勤所带来的损失，让每一位员工都"工作并幸福着"是每一个企业管理者所追求的目标。中国人力资源开发网在 2004 年专门从美国引进了一套专业的工作幸福指数评价系统，在全国范围内启动工作幸福指数调查，调查内容包括工作幸福程度诊断和幸福感产生的原因分析等。调查以网络在线填写及纸媒问卷填写两种数据收集形式进行，此次调查是中国最早开展的企业幸福评估的调查，虽然调查的内容更偏向于主观幸福感、积极情绪和消极情绪，但作为最早的评价幸福企业的积极尝试，这个报告有很多值得后来者研究和学习的价值。

总体工作幸福指数："工作幸福指数"的最高值为 5，最低值为 0，根据统计分析，此次调查的中国在职人士总体"工作幸福指数"为 2.57，处于中等偏下状态。从总体上来看，中国在职人士的工作幸福感并不是很强。工作幸福指数的积极情绪体验：调查结果表明，职场人士的积极情绪体验得分相对来说比较低，最高只有 2.2，最低分达到了 1.47。从这个结果可以看出，中国职场在职人士在工作中的积极情绪体验很少。工作幸福指数的消极情绪体验：职场人士的消极情绪体验得分相对来说比较高，最高的甚至达到 3.79，最低的也有 2.69。从这个结果可以看出，中国职场在职人士在工作中的消极情绪体验比较多，而其中较为明显的消极情绪体验有：愤怒、受到威胁、痛苦、担惊受怕、气馁。这些消极情绪体验必将影响员工的工作效率和效果。不同行业员工工作幸福指数调查结果：调查结果显示，得分最高的三个行业是"医疗 卫生服务"（2.79）、"政府 公共事业"（2.67）和"互联网 电子商务"（2.65）；得分最低的三个行业是"运输 物流"（2.33）、"金融业"（2.40）和"石油 化工 原料 矿产"（2.46）。不同类型组织的员工工作幸福指数调查结果：在被调查者中，政府机关的公务员工作幸福指数最高，为 2.67；民营企业和外企的员工紧随其后，工作幸福指数分别为 2.64 和 2.63；而国有企业人士的"工作幸福指数"仅为 2.41。

1.4.4 《中国企业幸福指数白皮书》

用友公司从 2010 年发起的幸福企业俱乐部，围绕幸福企业的认知、概念和判别标准对近千家企业进行了调研，并在第一阶段调研的基础上进一步对 100 家企业的高管进行了访谈。根据访谈结果发布了《中国企业幸福指数白皮书》，以期描述中国企业的幸福现状，归纳幸福企业的共同基因，探寻中国企业的幸福之道。为了描述、区别不同企业不同程度的幸福感受，引入了幸福指数的概念，建立了评测企业幸福程度的指标体系，并最终将每个企业的幸福程度表示为一个 0~100 区间内的实数，以此作为分值来定量地衡量企业的幸福水平。由于企业所处行业不同、诉求不同，衡量幸福的维度也不尽相同。通过大量的调查研究，将企业幸福的共因归纳为三大要素，即高效、创新、绿色。幸福企业至少应具备以下三个条件：首先，企业不应存在生存、发展的危机；其次，企业的发展必须有清晰的目标和思路，具有可持续发展的能力；最后，企业所从事的活动应有益于行业和社会进步。每个企业都有追求幸福的权利，企业存在的本质是对幸福的追逐，而并非仅仅对利润的追逐。无论大企业、小企业，无论国有企业、民营企业或外资企业，无论何种行业，在追求幸福的本质上并无差异。高效、创新、绿色是目前衡量企业幸福的三大主要因素，但非唯一标准。

在《中国企业幸福指数白皮书》中，现阶段中国企业的综合幸福指数（包括高效、创新、绿色）达到了 56.7 分，国内企业正处于幸福的临界点。具体而言，第一，中国企业的高效指数为 66.5 分，高效是中国企业表现最突出的幸福要素，高效的企业至少应具备如下特点：有效的管理和经营、快速的业务增长、合理的利润水平、广泛的品牌认知和应对各种风险变化的能力。中国企业管理团队的建设有待提升，从事低附加值业务的现状亟待改变，业务快速增长时应加强稳健经营的能力，企业对品牌知名度的认知程度普遍较高，企业需要加强敏捷经营的能力。第二，中国企业的创新指数为 49.3 分，创新是企业持续幸福的动力源。创新是一条布满荆棘的必由之路，企业不能急于求成，也不能浅尝辄止，创新并不意味着成功，多数创新是以失败为结果的，但企业会从中获得经验，允许失败、正视失败，创新终会给企业带来丰厚的回报。企业管理创新仍需深耕细作，在业务模式创新上还处于探索阶段，企业产品更新换代能力需进一步加强。第三，中国企业的绿色指数为 52.0 分，绿色是企业幸福的终极目标。目前中国大多数企业对于绿色的发展要求主要体现在员工满意度、客户满意度、社会公益、产品 / 服务健康贡献度和企业社会责任五个方面。企业开始普遍重视对员工的关怀，企业的社会责任意识尚需提升，企业与客户之间需加强信任、紧密合作，企业发展应注重对社会的贡献，社会公益需要企业更多的参与。高效是企业幸福的基本要求，创新是企业幸福的持续保证，而绿色则是企业幸福的终极追求。

什么是幸福企业的密码？该报告指出，"品牌知名度"是企业幸福的立身之本，"盈利能力"是企业幸福的生存之道，"创新"是企业幸福的发展之源，"责任"是企业幸福的升华之举，提高企业"抗风险能力"是企业幸福的长久之计。企业如何迈入幸福之门？企业应当优化经营能力，保持稳定增长和相对合理的利润水平；企业应注重可持续发展，不能从事有违社会发展的行业，需要有长远的发展规划，尽力寻求蓝海市场；企业应善待合作伙伴，提升在产业链中的地位，强化与合作伙伴共生的关系，尊重竞争对手并合法经营；企业还应学会与员工分享成功，反哺社会。

1.4.5　中国幸福企业百强榜

企业发展与员工幸福齐步走是建设社会主义现代化国家并实现共同富裕的题中之义。一方面，企业实现高质量发展是保障员工的获得感与幸福感的重要实现方式；另一方面，为员工谋幸福也是实现企业高质量发展的必由之路。在"幸福企业"理论与实践传播背景下，打造"幸福企业"成为越来越多人的共识。何为"幸福企业"？清华大学社会科学学院积极心理学研究中心与 FESCO 联合发布的《2022 幸福企业报告》提出：个人发展和成长、企业实力与未来发展、人际氛围、福利待遇、情感体验和工作体验这六大因素不仅是构建幸福企业的重要因素，而且对企业员工的满意度有着重要的影响，能够帮助企业提升员工的工作满意度。研究前期实地访谈多家企业员工，通过对访谈稿的分析形成了报告。调查问卷分为三部分：基本信息调查、幸福企业构建和幸福企业调查。研究编制的"2021 幸福企业调查量表"共包含 39 道题目。通过数据分析和验证，证明该量表具有良好的信度和效度，从实证方面确认了量表的有效性。研究将员工工作满意度水平和建设幸福企业六因素的关系进行了分析。初步分析相关结果发现，建设幸福企业的六个关键因素均与工作满意度指数存在正相关关系，且在统计学上意义显著。这项调研结果对企业具有重大意义，企业需要认识到构建幸福企业和提升员工满意度之间的密切关系，不可将二者割裂开来。同时，企业应重视员工的个人发展和成长、情感体验和工作体验，并且着重提升企业实力与未来发展、人际氛围和福利待遇，践行以人为本的发展思路，切切实实让员工感到更幸福。

为传递"幸福企业"理念，更好地发挥幸福企业的示范作用，传播先进实践经验和优秀举措，FESCO 携手清华大学积极心理学研究中心共同发起"中国幸福企业百强榜"评选活动。评选内容包括：健康福利，企业的薪资待遇及奖惩制度是否合理，企业为员工提供的福利慰问及健康关怀是否能够满足员工需求，以及企业是否定期组织员工活动；文化氛围，企业的价值观和使命愿景是否得到员工的认同践行，工作环境是否包容开放且平等自由，同事之间相处是否融洽，员工是否能够得到管理者的支持和帮助；员工发展，企业是否具有合理的战略规划，晋升制度是否科学且合理，企业是否对员工有完善的培养体系和岗位规划，以及员工能否在工作中实现个人成长和职业发展并获取有效资源。2024 年 5 月 21 日，"2024 幸福企业百强榜"在人民日报社新媒体大厦揭晓，同日发布了《幸福企业白皮书》，百强企业齐聚现场，共同见证了荣耀时刻。获得"幸福企业综合 10 强"的分别是：阿里云、爱立信中国、巴奴毛肚、北京环球度假、北京小米、卓丰集团、广州医药、壳牌中国、西门子能源中国、中铁建工。《幸福企业白皮书》指出了幸福企业依据的三个核心评价体系：责任领航、共荣发展、卓越雇主。在责任领航方面，企业需通过强化社会贡献与经济增长的策略，以创新和负责任的方式推动环保、教育支持和社区发展等领域的实践，实现商业行为与环境可持续性的和谐共进。此外，通过推动多元包容与员工感受，促进工作场所的多样性和包容性，为企业的创新和适应市场变化提供坚实的人力资源基础。在共荣发展方面，企业还需要加强战略规划与透明度，确保所有员工都能清晰理解企业的长期目标和愿景，并积极参与到战略的实施中。通过数字化管理与效能提升，企业能够利用先进的技术手段优化操作流程，提高工作效率，同时也为员工创造一个更加现代化和高效的工作环境。在卓越雇主方面，企业应通过塑造积极的雇主品牌与文化，提升员工的行为标准和职业道德，同时通过全面的员工关怀与激励策略，增强员工的工作动力和忠诚度。在人才吸引与留存方面，企业需要提供具有竞争力的薪酬福利，优化招聘流程，为员工提供持续的职业发展机会，确保能够吸引并保留关键人才。通过责任领航、共荣发展和卓越雇主这三大核心体系的实施，企业不仅能够提升员工的幸福感和获得感，还能在为社会创造价值的同时，推动自身的可持续发展，这种深度融合也将成为企业发展战略的新趋势，助力企业实现经济效益与社会责任的共建共赢。

1.4.6　幸福企业的五个特征理论

岳川博提出了幸福企业的五个基本特征：幸福人基本假设、企业的成就、企业的文化特质、企业家身心状态与人生境界、员工的成长与幸福感。

幸福人基本假设是幸福企业的基础，只有幸福人的人性假设才能创建出真正的幸福企业；企业的成就不仅指效率、利润、规模等有形成果，也包括思想创造、价值观塑造、企业品牌形象等无形成果，幸福企业必须富有成就，员工必须把贡献视为获得幸福的原则；企业的文化特质是指企业必须有优良的组织文化环境，健康的、欣欣向荣的企业文化是幸福企业的基本特质；企业家身心状态与人生境界是指企业家在引导企业发展方向和文化系统建设上有重大作用，企业家的价值观及个人身心状态、人生境界部分代表了企业整体员工状态及企业的思想边界和高度，也能反映出企业成就能够达到的层次；员工的成长与幸福感应该在同样重要的位置，要创建幸福企业就要帮助员工成长，员工幸福感可以测量和评价。

该理论认为幸福没有固定格式，幸福企业是能够创造幸福的企业，即致力于为包括企业家在内的全体员工创造幸福的企业，致力于为企业全体员工以及客户创造幸福的企业，致力于能够为社会甚至人类创造幸福的企业。

该理论提出了幸福企业的三重境界：第一重境界，致力于实现企业创办人等少数人的幸福，称自我境；第二重境界，致力于实现包括企业创办人在内的全体员工的幸福，称大我境界；第三重境界，致力于实现包括企业全体员工、客户以及广泛的社会群体的幸福，称大同境界。

1.4.7　幸福企业模型

帅师与郭金山等提出了幸福企业模型的四个核心观点：持续的健康状态、积极的组织氛围、重要的组织资本、幸福管理模式。并将员工个体幸福与企业幸福有机地结合在一起（见图1-1），提出了交通银行幸福指数模型，模型包括幸福管理指数、员工幸福能力指数、员工幸福指数。其核心观点如下。

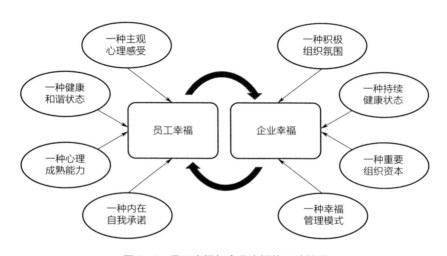

图 1-1　员工幸福与企业幸福的互动关系

1）幸福企业建设的内涵：幸福企业是企业建设和谐生态系统的需要，涉及战略发展、文化管理、组织管理、团体建设、员工发展以及员工心理能力等要素，这些要素影响员工幸福感，进而影响组织健康发展状态。该观点指出员工幸福是幸福企业的主体，但不是幸福企业的全部。基于心理管理理论，幸福企业建设的内在机制构建了员工与企业的和谐发展，员工幸福与企业幸福的互动关系如图 1-1 所示。企业幸福是幸福企业建设的首要目标和根本前提，同时是员工幸福的重要来源。企业的组织管理与运作方式影响组织的绩效和健康，同时也是员工幸福的来源，是幸福企业建设的重要支撑和管理路径。员工的幸福能力影响员工的幸福感，是幸福企业建设的基础。

2）幸福企业心理管理模式：幸福企业建设的关键是心理管理模式的创建。从单纯关注业绩向兼顾员工身心和谐发展转变；从心理角度，而不仅从物质和技术的角度研究效率问题；从员工心理感知的角度，考虑组织、流程、制度的优化及领导与管理能力的提高；强调柔性管理，关心心理感受，强调双向管理和幸福组织建设。心理管理是现代组织健康发展的职能，是各级管理层需要承担的重要职能和核心管理技能。

3）企业幸福指数模型：将员工个体幸福与企业幸福有机地结合在一起，提出了交通银行幸福指数模型，模型由幸福管理指数、员工幸福能力指数、员工幸福（感）指数三个二级指数构成。幸福管理指数是组织管理行为对员工幸福感的影响，表明企业的管理水平。员工幸福能力指数是员工解决问题、应对压力的心理能力，是员工心理资本的集中体现。员工幸福（感）指数是员工在企业工作、生活、成长、人际、管理和组织六大领域获得心理感受的集合。

该模型提出"只有基于能够描述的才能测量，能够测量的才能管理幸福企业建设模式"。构建幸福企业指数模型并实施企业幸福指数评估，进而识别员工幸福能力、企业幸福管理的现状，是聚焦幸福企业建设的着力点。企业应该围绕员工幸福能力和组织幸福管理的提升进行幸福企业建设规划，而建立幸福企业指数模型可以为幸福企业建设提供路径和策略。该模型还开发了形成幸福企业智慧的管理平台，通过员工的幸福（感）指数、员工的幸福能力、企业幸福管理指数，建立员工和企业健康发展的晴雨表。

1.4.8 《企业幸福指数评价标准》

中国文化管理协会在 2019 年颁布了 T/CCAAS 002—2019《企业幸福指数评价标准》用以开展企业幸福指数评估。本标准规定了企业幸福指数评价的原则、适用形式、指标体系、评价方法、评价过程以及评价结果。企业幸福建设的重要支撑是企业的组织管理和运作方式，企业幸福建设的基础是员工的幸福能力，即员工心理资本。《企业幸福指数评价标准》给幸福企业建设提供了明确的指导：企业组织除了具有物质系统、技术系统的特征外，还具有社会心理系统的特征。企业幸福指数旨在帮助企业识别在组织管理和员工状态等方面的不足，促进企业有针对性地改善和提升。标准中的企业幸福指标由工作环境、成长环境、人际环境、领导方式、组织环境、生活愉悦、心理资本 7 个一级指标和 38 个二级指标组成。

企业幸福指数体现了企业在员工工作、生活保障与关爱，能力成长与职业发展，人际支持与协作，领导与管理行为以及组织整体发展等方面对员工幸福感受的影响程度。标准中规定了企业幸福指数的评价方法，包括幸福企业指数测评、中高层领导和员工访谈、现场考察、专业解读以及企业幸福指数评价相关荣誉认定等。评价专家组在对企业报送的材料查阅和调研评价的基础上，依据评价指标体系测评标准提出综合认定意见，形成《企业幸福指数评价报告》。评价得到的企业幸福指数使用百分制展现（另 5 分附加分），按分数高低进行横向排名，排名在前的企业幸福指数分数大于排名在后的企业。排名完成后，企业幸福指数前十强被评定为全国企业幸福指数建设先进单位，并可成为幸福企业建设示范基地；企业幸福指数前五十强被评定为全国企业幸福指数建设先进单位。

1.5 追求幸福是一个持续的过程

马丁·塞利格曼教授说："积极心理学，有一半在脖子以下。"克里斯托弗·彼得森教授说："幸福不是一场观赏运动。"米哈里·契克森米哈赖教授提到："只有当精神能量（注意力）专注于实际目标，行动与机缘又配合得天衣无缝时，才会出现这种现象（最优体验）。"泰勒·本·沙哈尔认为幸福是意义和快乐的结合，既有明确的人生目标，又可以体验当下的喜悦情绪，生命的终极目标应该是幸福，这是一个高于其他所有目标的总目标。他把幸福的实践称为"心行动"，只有"心行动"才能让理论焕发真正的生命力。沙哈尔提倡"全人幸福"的 SPIRE 幸福模型通过关注和提升五个方面的要素，人们可以有效增强自己的幸福感。沙哈尔认为，幸福体验是一个不断进阶的过程，追求幸福感是一场延续一生的旅程。通过测评可以获得自己的幸福基线水平，幸福基线水平只代表目前的幸福状态，在之后的时间通过连续的幸福实践练习，不断地培养起反脆弱的能力，再进行测评，人的幸福状态会发生不同的变化，人的反脆弱的能力对应对人生的起起落落非常重要，能使人更强大和更幸福。中国积极心理学发起人彭凯平教授指出"积极心理学是行动的科学"，行动成就积极正是今天在全球蓬勃发展的积极心理学的一项核心价值观，积极心理学的目标是让人过一种充满澎湃福流的人生。由上可见，积极心理学的创立者和先行者们都明白追求幸福和美好人生是一个持续不断的"过程"。

团体理论中有一个重要的"3P"理论（由詹妮斯·迪露西亚瓦克提出），即有效的团队工作要求团体领导者基于理论范式和实践模型来进行工作。团体由一群有需求的个体（People）组成，这些需求激发人际动力，必须在团体过程（Process）中进行处理，从而实现团体的目标（Purpose），使个人和集体获益。团体过程是其中很重要的要素之一，有效的团体过程是使混沌的系统合作、有效的过程，同时激发创造力、肯定个性化、尊重人性的尊严和多元化。每一个团队活动实际上都是一个完整的团体过程的缩影，团体过程分为五个阶段（安全、接纳、责任、工作、结束），但每个阶段不是自发的或相互独立的，只有它们各有特点，在整体团体过程中才有意义和价值。团体过程的阶段反映了人类基本需要（安全感、爱与归属感、自尊、自我实现）的特点，刻画了良好的人际关系的重要特征。在任务或工作团体中，这一模型反映了团体问题解决的过程。结构性团体一般都有事先安排、设计好的活动来带领团体，有预定的目标及学习情景，以有计划的学习主题贯穿整个团体过程，使成员循序渐进地学习。通过活动设计与安排，促进团体发展，达成团体目标。

　　"过程"是目前在全世界企业和组织内最广泛应用的国际管理体系系列标准的核心概念，如 ISO 9001、ISO 14001、ISO 45001、ISO 45003、ISO 27001、ISO 5001、ISO 26000、GB/T 39604 等。"过程"的定义是利用输入实现预期结果的相互关联或相互作用的一组活动。过程的预期结果称为输出，也可称为产品或服务。一个过程的输出可能是另外一个过程的输入。管理体系标准在建立、实施质量管理体系以及提高其有效性时采用了"过程方法"（Process Approach），过程方法结合了 PDCA 循环与基于风险的思维，为了达成满足顾客要求和增强顾客满意度的目标，将互相关联的多个过程作为一个体系加以理解和管理，有助于组织有效和高效地实现其预期结果。任何活动或任务都可以通过"过程"与"PDCA 循环"来理解，因为任何组织活动都可以被看成互为输入与输出条件而链接在一起的一个个"过程"，任何"过程"的完成都要经过"PDCA 循环"来达成目标。过程和过程方法的展开介绍在本书的第 2 章。

积极心理学干预是最直接有效提高幸福感的策略，积极心理干预方法不仅是积极心理治疗的核心工具，也是积极心理团体辅导和咨询很有效的实践方法，在积极心理团体工作方案设计阶段，辅助辅导单元，积极心理干预方法可以根据不同的团体目标设定在团体过程当中。例如，马丁·塞利格曼等通过实验验证了三个应用十分广泛的积极心理学干预：三件好事；通过新的方式发挥突出品格优势；感恩拜访。很多独立的研究方向也重复了这三个积极心理学干预的有效性。积极心理学干预就是人们追求幸福和提高积极体验很有效的持续"过程"。基于过程和过程方法的视角，可以重新解读积极心理学 PERMA 五元素（见图 1-2），积极心理团体辅导（见图 1-3），积极组织行为学（见图 1-4）。有关这些内容的详细展开介绍在本书的第 2 章和第 3 章。过程方法和 PDCA 循环是本书构建企业幸福体系的核心方法，这部分的详细阐述在本书的第 4 章和第 5 章。

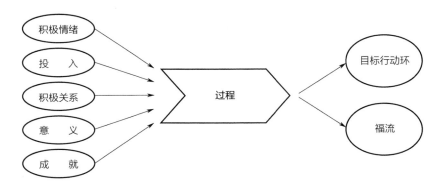

图 1-2　基于过程方法的 PERMA 五元素产生福流示意图

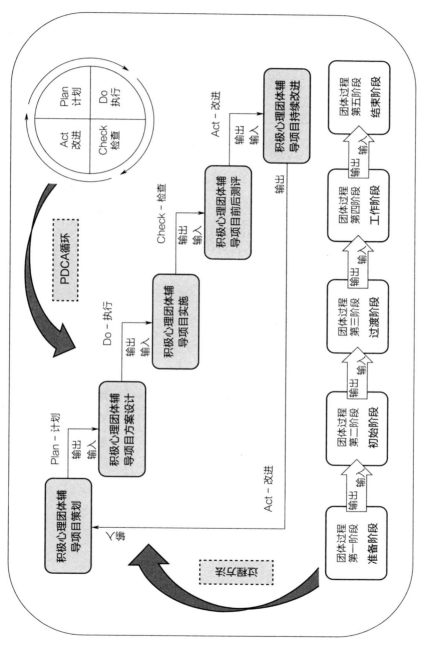

图1-3 积极心理团体辅导基于过程方法和PDCA循环的示意图

幸福企业
基于积极心理学的幸福体系构建指南

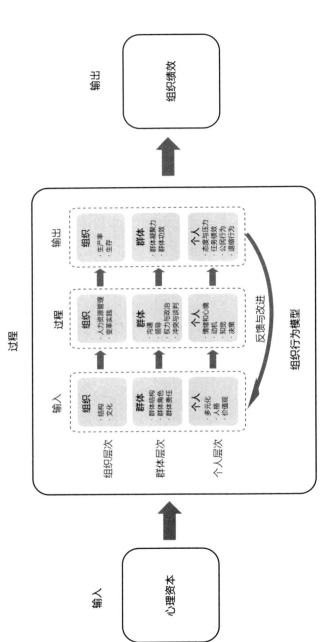

图1-4 基于过程方法的积极组织行为学示意图

1.6 构建企业幸福体系的 5 个关键分目标

幸福企业是涉及积极组织行为学的有关个人、群体和组织三个层面的概念，企业追求幸福也是一个长期追求、永不间断的过程中的某一段。幸福企业本身就是一个模棱两可的概念，没有一个确切的衡量标准，但企业幸福体系却是可以衡量的，构建企业幸福体系就要能够回答"企业现在是否比以前的幸福指数更高或更低"这样的更有实际意义的问题。目前，社会上比较成熟的管理体系认证就是能够评估是否满足标准要求的一种最有效的方式。管理体系认证如：ISO 9001、ISO 14001、ISO 45001、ISO 5001、ISO 27001 等，现场认证通过后获得证书就表明满足了管理体系标准的要求。管理体系认证提供了企业满足底线标准要求的评价方法，即"通过"（Pass）和"不通过"（Fail）两种认证结果。同时，管理体系的成熟度评价方法也提供了企业满足最佳实践标准要求的评价方法，例如在国际标准 ISO 9004《组织的质量　实现持续成功指南》中，成熟度评价的结果不是"通过"（Pass）或"不通过"（Fail），而是一种循序渐进的评价体系，给出了被评价企业一个可做横向比较的等级水平。中国的标准 T/CCAAS 002—2019《企业幸福指数评价标准》就是通过企业幸福指数评估来测评企业幸福体系的一个标准。企业建立了幸福体系并得到一定等级的评价后，是否就能对外声称本企业是幸福企业呢？其实两者之间是不能画等号的。不同的企业建立了企业幸福体系并按照同一标准要求经过客观评估后，对评估结果做行业之间的评比是可行的。

所以，本书将以构建企业幸福体系为目标，而不是以构建幸福企业为目标。构建企业幸福体系的目标可以分解为五个关键分目标（见图 1-5）：确定企业幸福体系的评价准则；策划构建企业幸福体系；实施构建企业幸福体系；评估企业幸福体系；制定改进措施和再评价。世界顶级咨询公司麦肯锡的第一位女性咨询顾问芭芭

幸福企业
基于积极心理学的幸福体系构建指南

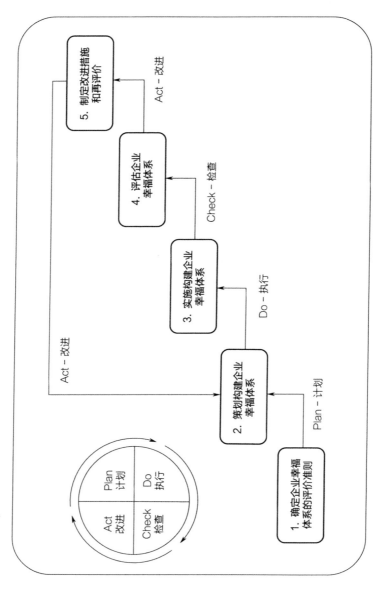

图 1-5 构建企业幸福体系的五个关键分目标

拉·明托提出的金字塔原理法是分析构建企业幸福体系的五个关键分目标逻辑最强大的工具，图1-6展示了以构建企业幸福体系为目标，按照金字塔原理分解逻辑按照 MECE 法则（Mutually Exclusive Collectively Exhaustive，相互独立、完全穷尽）拆分为五个关键分目标，每个关键分目标继续向下拆分为三个关键结果，图中的目标分解逻辑还结合了目标管理的 SMART 原则[⊖]和 OKR 方法。OKR（Objectives and Key Results，目标与关键结果）方法，是一套明确和跟踪目标及其完成情况的管理工具和方法，由英特尔公司创始人安迪·格鲁夫发明，并由约翰·杜尔引入谷歌公司使用，在脸书、领英等互联网巨头企业中广泛使用。在目标管理理论和实践中，SMART 原则侧重于目标制定，而 OKR 更为激进，不仅涉及目标制定（O），而且延伸到目标的执行和衡量结果（KR）。应用麦肯锡金字塔原理将构建企业幸福体系的目标分解为五个关键分目标，再用 OKR 方法将每个关键分目标继续向下拆分为三个关键结果，从而提出了构建企业幸福体系的所有关键要求。

　　幸福企业的测评需要一个更为广阔的视野和更合适的评价体系，表1-2列举了目前社会上已经实践的评价企业表现的测评方式和方法，按照构建企业幸福体系的五个关键分目标进行了评估。表中的评估体系都建立了一个评估准则，基本上可以完成一个体系的评估。普遍欠缺的是第二关键分目标"策划构建企业幸福体系"和第三关键分目标"实施构建企业幸福体系"，可以看出，如何建立一个管理体系没有明确的方式和方法。对于更为重要的第五关键分目标"制定改进措施和再评价"，表中仅有《中国企业幸福指数白皮书》、幸福企业的

　　[⊖] 来源于彼得·德鲁克的关于目标管理的论述，SMART 分别为 Specific，Measurable，Attainable，Relevant，Time-bound 的首字母，对应的中文含义分别为具体的、可测量的、可实现的、相关的、有期限的。

幸福企业

基于积极心理学的幸福体系构建指南

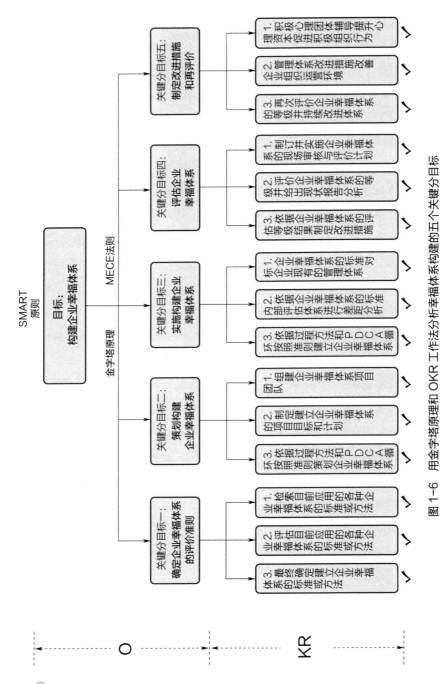

图1-6 用金字塔原理和OKR工作法分析幸福体系构建的五个关键分目标

表 1-2　构建企业幸福体系的五个关键分目标与几种不同评价方式的对照表

不同的企业评价方式	P—计划		D—执行	C—检查	A—改进
	确定企业幸福体系的评价准则	策划构建企业幸福体系	实施构建企业幸福体系	评估企业幸福体系	制定改进措施和再评价
《中国工作幸福指数调查报告》(中国人力资源开发网)	√			√	
《中国企业幸福指数白皮书》(幸福企业俱乐部)	√			√	√
中国幸福企业百强榜(清华大学与 FESCO)	√			√	
全球最佳雇主排行榜(福布斯杂志)	√			√	
幸福企业五个特征理论(岳川博)	√				
幸福企业模型(帅师、郭金山)	√			√	√
《企业幸福指数评价标准》(T/CCAAS 002—2019)	√	√		√	√
基于过程方法和 PDCA 循环构建企业幸福体系的途径	√	√	√	√	√

模型理论（帅师、郭金山）和《企业幸福指数评价标准》提出了持续改进的内容。虽然这些测评方法还没有达到我们想要的构建企业幸福体系的全部要求，但它们已经为后续构建企业幸福体系提供了宝贵的思路，通过积极组织行为、过程方法和 PDCA 循环、积极心理团体辅导、《企业幸福指数评价标准》等相关要求和理论的整合，本书在第 4 章提出一个全新的基于过程方法和 PDCA 循环构建企业幸福体系的途径，这个途径会覆盖构建企业幸福体系的五个关键分目标，并将图 1-5 中展示的"目标与关键结果"内容包含其中。

1.7 构建企业幸福体系与全书的结构

本书分为 6 章，第 1 章绪论，主要介绍个人幸福与企业幸福的重要概念，对目前社会上实践的评价企业幸福体系的方法进行了对比，追求幸福是一个持续的过程，过程方法和 PDCA 循环是构建企业幸福体系的核心方法。应用麦肯锡金字塔原理将构建企业幸福体系的目标分解为五个关键分目标，再用 OKR 方法将每个关键分目标继续向下拆分为三个关键结果，从而提出了构建企业幸福体系的所有关键要求。描述了构建企业幸福体系与本书各章的相互关系，绪论对全书起到了提纲挈领的作用。

第 2 章积极心理团体辅导与过程方法，主要介绍了樊富珉教授提出的积极心理团体辅导理论，对企业广泛应用的管理体系过程方法和 PDCA 循环进行了详细讲解，提出了积极心理团体辅导基于过程方法和 PDCA 循环的示意图。在马丁·塞利格曼的 PERMA 模型的五个元素的基础上，增加第六个元素"过程"并形成新的"PERMAP"模型，"过程"元素将其他五个元素汇聚在一起形成通向幸福 2.0 目标的通途，积极心理团体辅导是这个"过程"的一个具体体现，是促成积极心理学实践达成目标的重要途径。

第 3 章基于过程方法构建积极组织行为，首先介绍了组织行为学的过程，过程方法是研究组织行为学的重要工具。积极心理学应用于组织行为学而产生积极组织行为学，心理资本是积极组织行为学的核心要素。本章提出一种基于积极心理团体辅导构建积极组织行为的过程方法模型，该模型分为两个层次：主层次的过程输入是心理资本（希望、自我效能、韧性、乐观），过程是传统组织行为的三层次过程模型（个人、群体、组织），输出结果是组织绩效；次层次是由过程是传统组织行为的三层次模型分出的应用积极心理团体辅导有效提升心理资本，从而将组织行为改造为积极组织行为。

第 4 章积极心理学构建企业幸福体系的途径，提出一种构建企业幸福体系的底线标准与最佳实践的渐进模式。幸福企业没有一个确切的衡量标准，但是企业幸福体系是可以衡量的。本章介绍了目前广泛应用的管理体系标准系列，这些标准奠定了组织健康运营的基底，而最佳实践是组织追求卓越表现和基业长青的途径。依据《企业幸福指数评价标准》评估结果提出了一种制定企业幸福指数改进措施过程表的方法。基于过程方法和 PDCA 循环提出了一种构建企业幸福体系的途径。

第 5 章积极心理学构建企业幸福体系的实践，通过企业实践提出了一种积极心理学在企业构建幸福体系中应用的架构模式，这种应用的架构模式包含了两个层次的应用模块：企业幸福力 1.0 层次和企业幸福力 2.0 层次。企业幸福力 1.0 层次是积极心理学基础模块，企业幸福力 2.0 层次是积极心理学可选模块。通过企业实践案例系统展示了积极心理团体辅导在企业不同层次需要的应用场景。

第 6 章积极心理学在企业的应用探索，首先介绍了企业幸福力，同时提供了积极心理学在不同类型企业应用的案例，最后提供了基于过程方法的实用积极心理干预练习模板供企业实践使用，积极心理学的实践必须扎根于企业的实际，也只有这样才能将积极心理学和团体心理辅导的理论真正应用于构建企业幸福体系，最终实现企业的幸福目标。

本节最后再重新梳理一下全书的逻辑脉络，积极心理学应用与团体心理辅导结合产生了积极心理团体辅导理论（第2章）；积极心理团体辅导是基于管理体系过程方法和PDCA循环的一种团体过程（第2章）；积极心理团体辅导应用于提升心理资本促进积极组织行为（第3章）；积极心理团体辅导与积极组织行为结合一同达成构建企业幸福体系的目标（第4章、第5章）；积极心理团体辅导在企业构建幸福体系的实践案例（第5章、第6章）。图1-7展示了构建企业幸福体系的框架与本书各章的关系，图中展示了基于过程方法和PDCA循环的积极心理团体辅导的结构模型，积极心理团体辅导贯穿从底层心理团体辅导到顶层企业幸福体系的全过程，它在每一个层次都起到

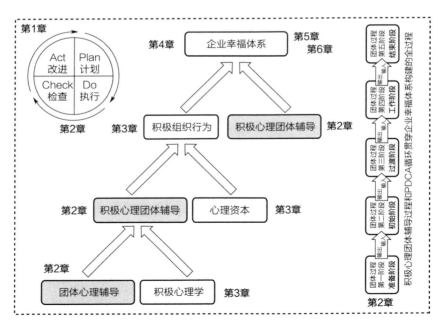

图1-7 构建企业幸福体系的框架与本书的各章关系

了连接桥梁的作用。积极心理团体辅导就是"团体 3P 理论"中重要的一个 P——"过程"的具体体现，是促成积极心理学实践达成目标福祉（Well-being）的一个重要方法。

本章要点

1. 幸福企业不是一个是与非的问题，涉及积极组织行为学的个人、群体和组织三个层面，企业追求幸福是一个长期追求、永不间断的过程中的某一段。

2. 积极组织行为与幸福企业不能画等号，积极组织行为是企业构建幸福体系很重要的一部分，但不是全部。对于幸福企业的评价方法和维度可以形式多样化，必须考虑到个人层面、群体层面和组织层面的全维度测评，这也是幸福企业与幸福个人评价内涵的区别。

3. 构建企业幸福体系的五个关键分目标：确定企业幸福体系的评价准则；策划构建企业幸福体系；实施构建企业幸福体系；评估企业幸福体系；制定改进措施和再评价。应用麦肯锡金字塔原理将构建企业幸福体系的目标分解为五个关键分目标，再用 OKR 方法将每个关键分目标继续向下拆分为三个关键结果，从而提出了构建企业幸福体系的所有关键要求。

第 2 章
积极心理团体辅导与过程方法

"你必须相信,那些你所经历过的点点滴滴,会在未来的生命里以某种方式串联起来。你必须相信一些东西,如你的勇气、命运、生活、因缘,随便什么,相信这些点点滴滴能够一路串联在一起给你带来循从本觉的自信,它使你远离平凡,变得与众不同。"

——史蒂夫·乔布斯

团体心理辅导是在团体情境中提供心理帮助与指导的一种形式，通过团体内的人际交互作用，促使个体在交往中通过观察、学习、体验来认识自我、探讨自我、接纳自我，调整和改善与他人的关系，学习新的态度和行为方式，以发展良好的生活适应的助人过程。积极心理学的最新发展成果与团体心理辅导理论与实践相结合，为学校、培训、企业、医疗、军队等各种组织开展心理辅导、心理咨询和心理治疗活动开辟了一条前所未有的新途径。樊富珉提出的积极心理团体辅导理论（Positive Psychological Group Guidance）是以积极心理学的理论为依据，以团体干预的方法为形式，以提升团体成员积极心理健康与幸福感为目标的团体心理辅导。团体理论有一个重要的"3P"理论，即有效的团队工作要求团体领导者基于理论范式和实践模型来进行。团体由一群有需求的个体（People）组成，这些需求激发人际动力，必须在团体过程（Process）中进行处理，从而实现团体的目标（Purpose），使个人和集体获益。团体过程是其中很重要的要素之一，有效的团体过程是使混沌的系统合作、有效的过程，同时激发创造力、肯定个性化、尊重人性的尊严和多元化。团体过程分为五个阶段（安全、接纳、责任、工作、结束），但每个阶段不是自发的或相互独立的，各有特点，在整体团体过程中才有意义和价值。团体过程的阶段反映了人类基本需要（安全感、爱与归属感、自尊、自我实现）的特点，刻画了良好的人际关系的重要特征。结构性团体一般都有事先安排、设计好的活动，有预定的目标及学习情景，以有计划的学习主题贯穿整个团体过程，使成员循序渐进地学习。通过活动设计与安排促进团体发展，达成团体目标。团体过程和积极心理团体辅导的详细阐述将在 2.1 节展开。

国际标准 ISO 9001 质量管理体系要求这样描述"过程"：利用输入实现预期结果的相互关联或相互作用的一组活动。单一过程的各要素及其相互作用包括输入源、输入、活动、输出、输出接收方、过程监视和测量绩效检查点。"过程方法"（Process Approach）包括组织的方针和战略方向，对各过程及其相互作用进行系统的规定和管理，从而实现预期结果。过程方法结合了 PDCA 循环与基于风险的思维，强调能够理解并持续满足要求、从增值的角度考虑过程、获得有效的过程绩效、在评价数据和信息的基础上改进过程。PDCA 循环能够应用于所有过程及整个质量管理体系，使得组织确保对其过程进行恰当管理，提供充足资源，确定改进机会并采取行动。在实现其预期结果的过程中，系统地理解和管理相互关联的"过程"有助于提高组织的有效性和效率。过程方法和 PDCA 循环的详细阐述将在 2.2 节展开。

团体过程（Process）是连接个人与团体成员（People）并实现团体目标（Purpose）的必由之路。积极心理团体辅导的实施阶段过程是"团体 3P 理论"中重要的一个 P——"过程"（Process）的具体体现。本章最后将建议在幸福 2.0（Well-being）PERMA 理论的 5 个元素（积极情绪、投入、意义、积极的人际关系、成就的基础）上，增加第 6 个元素"过程"（P）形成新的"PERMAP"模型。这个元素不是处于与 5 个元素并列的位置，而是处于顶端目标位置的幸福 2.0 与 5 个元素支柱之间连接的位置。"过程"元素将其他 5 个元素汇聚在一起形成通向幸福 2.0 的通途。

2.1 团体过程与积极心理团体辅导

2.1.1 团体过程

1. 团体

团体是我们世界必不可少的一部分，人们参与的团体涉及各个方面，包括家庭、工作、社会和社区。在团体互动中，人们会分享或表露情绪和个人信息，比如希望或失望、快乐或痛苦、问题或成就等，引发表露是团体的基础，唯有如此，团体过程才能够发挥人际沟通和助人工作的重要作用。按照团体的目的或性质，可将其分为四种基本类型：心理辅导或教育团体、心理咨询团体、心理治疗团体和任务团体。团体是指由两个或两个以上的人组成，为了达到共同的目标，经由彼此间互动产生相互影响的个人集合。对于团体定义中的人数，也有另外一种观点，即一个团体的组成至少要求三个人，因为第三个人及更多的人所带来的问题和压力通常不会发生在两个人中，由于多人的加入，团体互动更为复杂，随着团体成员的增加，成员角色和等级会使团体动力逐步升级，因此需要确立一个最佳的小团体规模。

团体是面对面的人际网络或系统的发展，涉及下面这些很重要的特质。人际网络创造了构建有效人际过程必需的氛围，使得助人过程发挥作用；信任指与他人分享时的安全感，包括尊重隐私；接纳是一种品质，让人自由地做自己；尊重是一种彼此有关的品质，认识到人的差异并承认共性；温暖是指无条件积极关注的能力，它包含了关心、欣赏、喜爱等；沟通促进人与人之间的互动；共情是指从他人的角度看待事物的能力。如果团队工作能够在具备以上特质的团体中成功建立关系，将能形成一个相互帮助的氛围。团体具备多种优势，如团体能够给予成员安全感和保密感，这在一对一关系中并不容易获得；团体可以提升成员的归属感；团体本身为社会贡献了价值；团体可能对成员产生建设性或破坏性影响；团体给成员提供了更多体验双重角色的机会，让成员可以在团体过程中同时体验给予和收获；团体拥有自我修正动力，有助于调节团体过程；团体疗效因子特性复杂，相对于建设性效果而言，团队过程更有意义；团体提供了观察和学习的理想舞台；团体提供独有的场所来给予和获得反馈。

2．团体过程

团体工作实质上是人、过程和目的的三者交互（见图 2-1）。首先是人，每个个体都有自己的需求、能力、期望和经历，为团体提供了资源和最原始的资料，马斯洛的需要层次理论与人密切相关。其次是过程，个体的互动构成了团体的过程，过程是指在团体进程中成员间产生的关系，这一关系对团体影响深远。过程真正推动着团体成员间的关系，或促进或阻碍团体的效果，乔哈里窗模型对过程起了关键的作用。过程的动力将个体集结在一起形成团体。最后是目的，目的用于说明团体的本质和特点，影响着团体的整体性质，例如团体辅导意在教育或告知，团体咨询旨在解决问题，团体治疗旨在改变人格，工作团体则是为了完成任务和使命。

个人需要 ＋ 关系发展 ＋ 团体目标 ＝ 团体工作
　（人）　　（过程）　　（目的）

图 2-1　团体工作的心理学原理（"3P"原理）（詹妮斯·迪露西亚瓦克）

任何团体都会经历一个发展过程和阶段，这些阶段可识别、可检验，在不同的团体之间保持一致性，这些团体发展阶段在数量和命名上有所不同，但存在共性。詹姆斯·特罗泽提出了团体过程模型的基本框架，按照这个基本框架（见表2-1），团体过程可分为五个阶段：安全阶段、接纳阶段、责任阶段、工作阶段、结束阶段。将其整合为概念化的方法可以用于解决问题和处理团体任务。这五个阶段一步步解决个人困扰。这个模型基于经验而不是基于理论，团体领域的理论培训和研究都支持这一过程模型适用于团体工作，表2-1展示了团体过程和问题解决的基本框架。团体过程的阶段反映了人基本需求的特点，刻画了良好人际关系的重要特征。在辅导团体或咨询团体中，这一模型反映了团体问题的解决过程，涉及策略规划、行动计划和针对团体目标的产品；在治疗团体中，这一模型反映了个人问题解决的基本模式。有效的团体过程是使混乱的系统合作、有效的过程，同时激发创造力、肯定个性化、尊重人性的尊严和多元化。

表2-1 团体过程和问题解决的基本框架（詹姆斯·特罗泽）

过程（团体动力）	内容（问题解决）
安全阶段：创建心理上安全的环境，每个成员能感到安全，能随心所欲地谈论自己和自己的问题	找到一个令自己感到安全的人或地方，能够承认和讨论问题
个人需要：安全感 关系特征：信任	
接纳阶段：形成一种氛围，无论他们面对的问题或要处理的事情是什么，成员都能体验到归属感和接纳	接纳问题是自己的一部分
个人需要：爱和归属感 关系特征：接纳	
责任阶段：在团体中建立一种强调个人化的氛围，建立为自己和自己的问题负责的规范	为自己的问题承担责任，并致力于解决问题

（续）

过程（团体动力）	内容（问题解决）
个人需要：自尊 关系特征：分化和责任	
工作阶段：形成合作的氛围，成员能一起工作，互相帮助，处理事情和解决问题	识别、澄清、理解问题，并努力解决，如制订聚焦于解决问题的计划、练习，并实施和评估
个人需要：自我实现 关系特征：合作	
结束阶段：强调学习的迁移，内化改变，肯定和确认	问题得以解决，学会问题解决的过程

　　每个团体都有一个结构，在团体形成和互动的过程中发展和演变。团体过程为了实现团体目标，需要在五个不同的阶段实现不同的任务，从而体现团体发展的连续性。每一个发展任务可以体现为目标、需求或者责任。当这些任务得到有效处理时，就为团体互动和过程的持续提供了更坚实的基础，如果处理不当，这些任务可能破坏团体，变成不利于团体发展的障碍。结构化的工具和发展任务的交互作用构建了团体的形式，发挥了团体的功能，任务是结构化工具的核心内容。图 2-2 描述了团体过程的五个阶段与团体发展任务的关系，这个关系图为团体过程的实践提供了行动的指南。团体过程只有应用于实际，帮助人们改变或完成任务，它才有意义。团体过程动力需要转换成具体实践，实现特定的目标，实践的结果用于评估团体过程发展是否有效。团体工作的实践结合了人格动力学、团体动力学和系统动力学，来产生尊重个人、调动团体资源和明确具体目标的团体互动。

团体过程的阶段					
	安全	接纳	责任	工作	结束
发展性任务	S1.相识				→
	S2.人际热身				→
	S3.设立契约				→
	S4.建立信任				→
	A1.个人分享				→
	A2.给予反馈				→
	A3.形成凝聚力				→
	A4.接纳自己				→
	A5.接纳别人				→
	R1.自我评估				→
	R2.具有主人翁意识				→
	R3.建立责任				→
	R4.给予尊重				→
	R5.公平的分担				→
	W1.问题解决				→
	W2.动用团体资源				→
	W3.现实检验				→
	C1.给予支持				→
	C2.处理未完成事件				→
	C3.确认并肯定成长				→
	C4.告别				→
	C5.随访				→

图 2-2 团体过程：五个阶段与发展任务的关系（詹姆斯·特罗泽）

3．团体过程的心理学原理

图 2-3 展示了三个团体过程（团体辅导、团体咨询和团体治疗）的关系，并描述了每个团体的本质特征，这三个团体过程并不是相互独立的，而是一个连续体，互相有重合，必须注意三者是连续变化而非一成不变的。此团体工作的心理学原理就是个体因各自的需要在团体环境中互动，形成一种关系或系统，并可以在其中为团体的任务和目的进行工作。

团体辅导主要为成员提供与个人相关的发展性信息，重点是处理个体在人生发展阶段中所遇到的问题，过程的焦点是认知性的，通常是结构化的，所应用的方法通常是展示与讨论，结果本质上是预防与

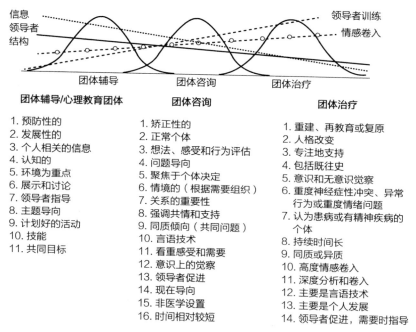

图 2-3　团体辅导、团体咨询和团体治疗的关系（詹姆斯·特罗泽）

促进作用。团体咨询的本质主要是治疗和干预，并关注问题的解决。团体咨询面向正常个体，这些个体正在面对一些问题，这些问题在某些方面干扰了他们的生活，因此，在团体关系发展中强调共情和支持。咨询团体依据个人和人际问题而形成，成员在团体中讨论问题，这些问题大多数可以界定，直到问题解决团体才会解散。团体咨询的重点是个人问题，焦点是由成员决定的，并且需要对情绪有持续的关注。这类团体通常处于非治疗环境，服务于未被诊断为精神障碍的人员。团体治疗与团体咨询之间的差异更多在于成员类型的不同，而不是过程本身。团体治疗适用的目标群体存在功能紊乱或某些精神病性损伤，并符合 DSM-IV 的精神障碍诊断标准。团体治疗的目的是运用团体力量促进人格改变，重建、再教育、复原那些造成生活问题的人格特质，并且帮助有精神疾病的成员保持功能良好的生活方式。治疗团体的焦点是人格。从团体辅导到团体治疗这一连续体中我们能明显看见的趋势是，与认知相关的信息数量和领导结构化程度在减少，情感卷入程度和对领导者的专业需求在增加。

图 2-4 描绘了心理学原理与团体过程的关系。该图说明了人格、同一性和自我概念的发展过程，这个发展过程基于需要与人际关系之间的交互作用。人格是自我的行为维度，表现为我们与周围环境联系的方式，包含了人们在各种环境下的特征、习惯和基本倾向。同一性是自我的认知维度，包含了所有与"我是谁"这个问题直接和间接的信息。自我概念是自我的情感维度，包括我们对自己主观的评价。人们的自尊因情况不同，或积极或消极，或高或低，所有这些横向纵向的评价形成自我概念。团体中的每个个体都有自己的需求、能力、期望和经历，为团体提供了资源和最原始的资料，马斯洛的需要层次理论与人密切相关。个体的互动构成了团体过程，团体过程是指在团体进程中成员间产生的关系，乔哈里窗模型对团体过程起了关键的作

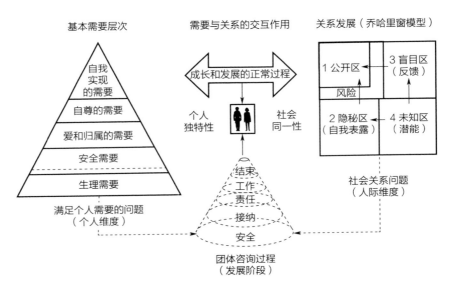

图 2-4 心理学原理与团体过程的关系示意图（詹姆斯·特罗泽）

用。个人维度的满足个人需求的问题和人际维度的社会关系问题共同作用形成团体过程，这个过程包括安全、接纳、责任、工作和结束五个阶段。团体过程促成个人和团体的成长和发展，典型的成长和发展过程要求个人需求与人际关系的互动，从而形成自我同一性。团体过程与心理学原理相互结合的关系表明：团体过程是连接个人与团体成员并实现团体目标的必由之路。

2.1.2　积极心理团体辅导

1. 积极心理团体辅导理论

樊富珉教授在将积极心理学理论应用在团体心理辅导实践中提出了积极心理团体辅导理论，该理论是以积极心理学理论为依据，以团体干预的方法为形式，以提升团体成员积极心理健康与幸福感为目标的团体心理辅导。积极心理团体辅导的内容与目标主要有两点：一是提升成员的幸福感，二是强化成员的品格优势。积极心理团体辅导干预的主要目的是培养积极情绪体验、培养积极认知、发掘和善用品格优势。积极心理团体辅导干预模式既有传统的塞利格曼等应用的积极心理团体干预方法（详见 3.3 节），如每日记录 3 件好事、突出品格优势强化实践、感恩拜访、品味、积极主动式沟通等，也有本土开发的行之有效的积极心理团体干预方法和实证研究，如基于积极心理学的贫困生的自强团体辅导、大学生健康成长提升幸福感团体辅导、提升希望水平改善大一新生学习适应团体辅导、大学生乐观团体辅导、强化品格优势团体辅导、灾后青少年创伤后成长的积极心理艺术团体辅导、大学生生命意义的团体辅导、社区居民提升感恩能力的团体辅导等。积极心理团体辅导的起效因素包括：发掘和善用个体的品格优势；培养积极的情绪体验；培养积极的认知应对方式；团体辅导促进积极心理健康；积极心理干预和团体辅导相结合的优势。该理论强调的结构式团体辅导理论和技术是各种组织实践积极心理学的优秀工具。积极心理辅导的应用范围极其广泛，既可用于治疗各种心理疾病，解决人的心理社会适应问题，又可用于普通人的健康快乐成长与发展，让他们活出人生的精彩。

樊富珉教授是第一位将团体心理辅导与咨询引进国内的学者，也是国内高校心理健康教育与心理咨询的引领者，她于1990—1991年在日本筑波大学进修大学生心理咨询，师从日本大学心理咨询学会会长松原达哉教授，学成回国后成功将团体心理咨询体系引入中国。1996年，樊富珉教授撰写了中国第一本团体心理咨询的著作《团体咨询的理论与实践》，之后陆续出版了《大学生心理健康与心理咨询研究》《结构式团体辅导与咨询应用实例》《团体辅导与危机心理干预》等专著、合著40余本，发表学术论文100多篇。2011年10月，中国成立了第一个团体工作学术组织——中国心理卫生协会团体心理辅导与治疗专业委员会，由樊富珉教授担任第一届和第二届主任委员。她带领研究团队开展了大量与团体心理辅导相关的研究，取得了丰硕的成果。团体心理辅导在心理健康服务、青少年成长发展、学校教育、社区工作、心理疾病治疗等各个领域得到广泛的实际应用。在回国后的30多年里，在清华大学创办了团体辅导与咨询教学和研究基地，创新地发展出有中国特色的团体辅导与咨询，在国内咨询心理学的学科发展中发挥了积极的、开创性的作用。樊富珉教授带领研究生们尝试在大学生心理健康教育、职业生涯规划、党团建设、班级建设、个人成长、贫困生自强训练等领域开展团体辅导，开发了几百种团体辅导方案，指导了几十名研究生完成了团体辅导的效果和过程研究，为中国专业团体辅导工作的可持续发展做出了杰出贡献。

在中国积极心理学尚处于萌芽的时期，樊富珉教授率先提出："积极心理学团体辅导适合中国国情，是适用于中国文化和社会背景的心理干预方法。"早在2004年，她主办了中国第一个积极心理学工作坊，为积极心理学在中国的生根发芽贡献了坚实的力量。樊富珉指导研究生何瑾完成国内最早的积极心理学团体辅导的硕士论文《积极心理团体辅导对贫困生的自强训练效果》，论文《团体辅导提高贫困大学生心理健康水平的效果研究：基于积极心理学的理论》发表在《中国临床心理学》杂志 2010 年第 3 期上。2021 年 8 月，在第五届中国国际积极心理学大会上，樊富珉教授获得"孙立哲——中国积极心理学终身成就奖"，中国积极心理学的发起人彭凯平教授宣读对她的评价语："43 年如一日，樊富珉教授为中国心理学传承光大。她独创的心理健康精品课已使百万大学生获益，她主导的积极团体心理辅导已经培养出成千上万名心理工作骨干。她是一盏明灯，照亮了积极心理学在中国的应用之路，为清华乃至中国的积极心理健康发展，做出了光辉而伟大的贡献！"

2．团体心理辅导的相关内容

团体心理辅导是一门以心理学为基础的专业助人知识、理论与技术。它通过团体内的人际交互作用，促使个体在交往中通过观察、学习、体验认识自我、探讨自我、接纳自我，调整和改善与他人的关系，学习新的态度与行为方式，以发展良好适应的助人过程。樊富珉结合中国心理咨询发展的现状，提出包括理论、技巧、计划、个人成长、经验、实习、督导、伦理八个部分在内的团体心理咨询培训方案。团体咨询的培训方式可以是课堂教学、课堂体验，参与真实情境，观看团体录像带，观察他人带小组，接受个别或团体督导等。团体心理辅导理论包括的主要内容有：积极心理学应用、团体过程、团体动力、团体领导者、团体辅导技术、团体辅导方案设计、团体伦理等。

积极心理学理论是实施积极心理团体辅导的基础，如马丁·塞利格曼的 PERMA 理论，马丁·塞利格曼和克里斯托弗·彼得森共同创建的 6 大美德和 24 种品格优势理论，米哈里·契克森米哈赖的福流理论，芭芭拉·弗雷德里克森的积极情绪拓展理论等。经过实践证明有效的积极心理学实践方法有品味积极情绪、每天记录3件好事、感恩拜访、互助、积极运动、冥想、发挥突出性格优势等。

积极心理团体辅导的过程一般包括准备阶段、初始阶段、过渡阶段、工作阶段、结束阶段五个阶段（见图2-5）。在整个团体过程中，各个阶段是连续的、相互影响的。在结构式团体辅导过程中，过渡阶段并不明显，因为领导者在开始阶段已经为团体建立信任和凝聚力安排了练习。团体带领者需要全程把握团体过程的各个阶段和任务，才能掌握不同阶段成员的表现特点，采用合适的团体运作策略，引导团体发展的方向，有效地达成团体目标，图2-6展示了积极心理团体辅导的团体过程示意图，具体的团体辅导过程包括项目策划、项目方案设计、项目实施、项目前后测评、项目持续改进。最后项目改进的结果可以成为下一次项目策划的依据和输入条件。

图2-5　积极心理团体辅导的5个阶段过程图（樊富珉，何瑾）

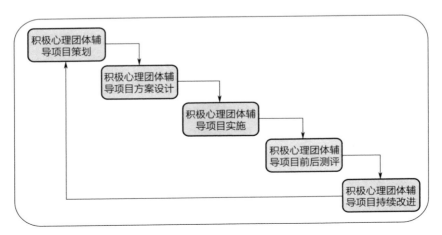

图2-6　积极心理团体辅导的团体过程示意图

团体动力是指发生在团体之间和之内的心理及行为过程构成的相互作用。团体心理辅导涉及的团体动力要素包括团体目标、社会互依性、团体凝聚力、团体领导、沟通、冲突以及多样性等，这些团体动力因素将影响团体过程的发展。

团体领导者在团体辅导中起到组织者和引导者的作用，具有多种角色，既是领导者也是成员，既是协调者也是促进者等，团体领导者的素质、知识、技能、经验等直接影响团体辅导的成败。一个合格的团体领导者必须具备使团体过程达成目标的素质和技能等，通过系统专业的团体训练和培养，能够培养合格的团体辅导的领导者。

团体辅导技术是团体带领者为了达成团体目标，利用团体动力，促进团体成员互动，提升辅导效果而适时采用的方法、策略的总称。这些辅导技术包括常见的初级技术，如同理心、积极倾听、澄清、支持、解释、摘要、反映、提问、反馈、非语言、促进等；也包括高级辅导技术，如保护、目标设定、建议、面质、立即性、沉默、自我表露、制止、连接、折中、评估、设限、整合等。

团体辅导方案设计是指运用团体动力学及团体辅导专业知识，在整个团体过程中贯穿计划的主题，将一连串团体练习根据目标系统地加以组织、规划，由团体领导者带领成员在学习和实践中达成团体辅导的目标。只有事先有计划地设计团体辅导方案，团体过程才能顺利发展，特别是经过结构化设计的团体方案，是团体目标最终实现的保证。

团体辅导专业伦理是团体咨询师的伦理与职业道德，也是专业守则。咨询作为专业助人工作，责任重大。咨询师必须了解团体咨询师的道德规范，学习以成员的利益为重，尊重每一个成员，严格遵守职业道德。团体领导者需要具备带领团体的专业知识和技术，应该公正对待寻求帮助的团体成员，不得因各种因素歧视对方，不得利用其信任或依赖剥削对方，为自己谋取利益，避免多重关系对专业工作可能造成的不利影响。知情同意是指团体成员在知晓足够信息的基础上由本人做出决定。保密是指尊重来访者的隐私。团体辅导应该遵守心理咨询的伦理总则：善行、责任、诚信、公正和尊重。

3. 早期的积极心理团体辅导实证研究

2010 年的积极心理团体辅导提高贫困大学生心理健康水平的效果研究（何瑾，樊富珉）是国内早期的积极心理团体辅导的实证研究。这个研究根据积极心理学理论设计积极心理团体辅导方案。其目标和干预重点主要有以下几个方面：培养成员的积极认知，主要是积极的贫困观、积极的自我观（自信）、积极的生活观（合理情绪认知）；培养积极的人格品质，主要是爱、乐观、感恩、希望四方面；培养积极的情绪体验，主要包括在活动中创造积极的情绪氛围，讲解压力应对方式；解决成员现实的发展性问题，主要有时间管理、生涯规划、人际交往等。在操作技巧上，除了运用团体辅导常见的技术外，该团体还采用一些经典故事、哲言、音乐、优秀贫困生榜样来创造跨文化的积极影响。经过积极心理团体辅导干预，从实验处理前后测差异及组间差异比较结果来看，前测结果显示两组具有同质性。经过实验干预后，实验组被试的心理健康水平和主观幸福感水平都有显著提高，具体表现在实验组被试的自尊水平显著提高，抑郁和焦虑水平显著降低；实验组被试的总体情感变得更积极，主观幸福感水平显著提高。对照组被试的心理健康水平和主观幸福感水平前后测差异不显著。追踪测试可以看出，实验组被试在接受了团体辅导后的半年中，其心理健康水平和主观幸福感水平都呈现提高的趋势，将实验组被试半年后的追踪测试得分和前测得分做配对样本 t 检验，结果显示，被试的抑郁和焦虑得分仍然显著低于前测，而总体幸福感得分显著高于前测。

2.2　过程方法与 PDCA 循环

2.2.1　过程和 PDCA 循环的起源

查理·芒格说过："只有当人类发明了发明的方法之后，人类社会才能快速地发展起来。"同样，人类在面对现实存在的各种挑战和问题时，只有掌握了正确和高效地解决问题的方法和工具，才能在不确定的环境中不断地攻克难关，追求美好人生。"过程"的概念（Process 在国内也翻译为"流程"，本书采用国际标准 ISO 9001 中术语的翻译"过程"）最早出现于二战后盟军占领的日本。当时的盟军统帅麦克阿瑟将军邀请美国质量专家到日本，帮助日本企业改进当时日本制造的产品质量糟糕的状况，其中有美国统计学家爱德华兹·戴明博士，他在 20 世纪 50 年代的某一个夏天在日本演讲，给日本主要的企业家们教授质量统计技术时绘制了一个过程图（见图 2-7）。这个过程图描述了一个企业组织生产活动的全流程，最终演变成目前流行的国际质量、环境、职业健康安全管理体系标准（ISO 9001，ISO 14001，ISO 45001）等的核心概念，即"过程"。经验丰富的国际标

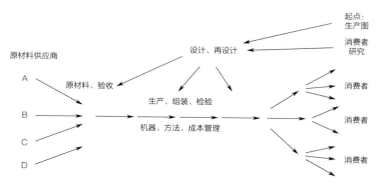

图 2-7　戴明博士在日本培训质量统计技术时绘制的过程图

准管理体系审核师有一个福流的体验，就是在头脑中快速建立一套解构和理解一个组织的方法，即通过"过程"与"PDCA循环"来理解活动，因为任何组织活动都可以被看成互为输入与输出条件而链接在一起的一个"过程"，任何"过程"的完成都要经过"PDCA循环"来达成目标。"PDCA循环"（Plan—Do—Check—Act，计划—执行—检查—改进）也是爱德华兹·戴明博士教授给日本企业家们的一个重要的持续改进方法，他引进了其导师沃尔特·休哈特所创立的质量控制理论里的系统方法论"休哈特循环"，经过多年演变，日本人最后称之为"戴明循环"（见图2-8）。PDCA循环包括设定目标和制订计划，实施行动，检查反馈结果与目标的匹配，持续改进以达成设定目标，它是一个十分有效的系统方法论。PDCA循环在后续应用发展的过程中，人们又提出了其他解决问题的高效方法和工具，例如，桥水基金创始人瑞·达利欧在其2011年的著作《原则》中提出了一个强大的结构化思考和解决问题的五步过程法（明确目标、确定问题、诊断根源、设计方案、采取行动实现成果）（见图2-9），五步过程法被收录进哈佛领导力课程的案例材料。在企业咨询领域还有一个著名的

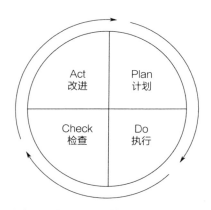

图2-8 戴明博士在日本培训质量统计技术时绘制的PDCA循环图

用于解决现实问题的强大工具，即麦肯锡七步解决问题法：定义问题、分解问题、优化处理、工作计划、分析问题、综合论证、沟通分享（见图 2-10）。有趣的是，达利欧五步过程法和麦肯锡七步解决问题法，其本质上也是 PDCA 循环理念的延伸。经过各种组织的反复实践和验证，过程方法和 PDCA 循环成为组织解决现实问题十分有效的方法。

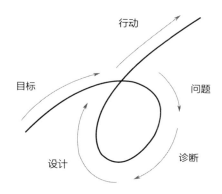

图 2-9　瑞·达利欧提出的结构化思考和解决问题的五步过程法模型图

图 2-10　麦肯锡七步解决问题法示意图

2.2.2　过程方法及其应用

在国际标准 ISO 9001: 2015《质量管理体系要求》中,"过程"的定义是"利用输入实现预期结果的相互关联或相互作用的一组活动"(见图 2-11)。过程的预期结果称为输出,也可称为产品或服务,因此通过使用资源和管理将输入转化为输出的一项活动可以视为一个过程,一个过程的输出可能是另外一个过程的输入。本标准在建立、实施质量管理体系以及提高其有效性时采用了"过程方法":"为使组织有效运行,必须确定和管理众多相互关联的活动,为了产生期望的结果,由多个相互关联的过程组成的一个系统内所有过程的识别、相互作用和管理,可称之为过程方法。"过程方法结合了 PDCA 循环与基于风险的思维,为了达成满足顾客要求和增强顾客满意度的目标,将互相关联的多个过程作为一个体系加以理解和管理,有助于组织有效和高效地实现其预期结果。在质量管理体系中应用过程方法的四个重要因素包括:能够确保理解并持续满足要求;从增值的角度考虑过程;获得有效的过程绩效;在评价数据和信息的基础上改进过程。

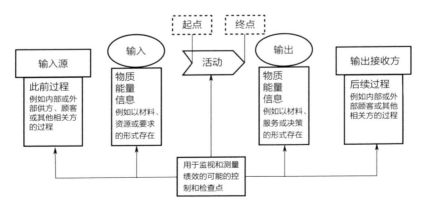

图 2-11　"过程"概念的示意图

PDCA 循环可适用于所有过程，使得组织确保对其过程进行恰当管理，提供充足的资源，确定改进机会并采取行动。在实现其预期结果的过程中，系统地理解和管理相互关联的"过程"有助于提高组织的有效性和效率。此种方法使组织能够对体系中相互关联和相互依赖的过程进行有效控制，以增强组织整体绩效。基于风险的思维是实现质量管理体系有效性的基础，例如，采取预防措施消除潜在的不合格，对发生的不合格进行分析，并采取与不合格的影响相适应的纠正措施，防止其再发生。标准中有关策划、评审和改进的要求都隐含基于风险思维的概念。

基于这个国际标准，任何组织的业务活动都能用"过程"方法展示，即制作组织的业务活动过程图，也称为业务活动流程图。组织的整体业务活动一般按照业务流的顺序，由互为输入输出关系的许多单一的"过程"相互关联而成，每一个单一的"过程"还能够展开，由更下一级的"过程"相互关联而成。尽管产品和组织形态千差万别，"过程"和"PDCA 循环"却是所有组织拥有的共性，如制造、服务、建筑、农业、商场、学校、航空航天、医院、宾馆、军队、银行、保险、证券、电信、网络、人工智能等。所以，分析组织的"过程"是解构一个组织的最佳视角，"过程"和"PDCA 循环"放之四海而皆准的特点也是 ISO 9001: 2015《质量管理体系要求》为什么成为全球应用最为广泛的国际标准之一的原因。1990 年，迈克尔·哈默提出业务过程再造（Business Process Reengineering，BPR）的概念，指出确保公司取得长久成功的关键不是产品，而是创造产品的过程。IBM 在 20 世纪 90 年代再造了大多数业务过程，通过业务过程再造，IBM 消除了职能界限，聚焦能够创造真正客户价值和超越职能界限的、端到端的业务过程，而新一波的由互联网引导的再造推倒了挡在各个企业之间的围墙。公司自家门口不再是业务过程的终点。产品研发、规划、预测，以及许多过程天生就具有跨企业的特征，甚至牵涉到与客户和供应商相关的工作。互联网通过在各企业之间分享信息，促进了跨企业过程的再造，因而企业能取得巨大的成功，IBM 业务过程再造的经验证明了过程对于公司取得成功如此重要。

2.2.3　过程方法的最佳实践工具——APQC 过程框架

美国生产力与质量中心（American Productivity and Quality Center，APQC）是一个具备丰富的"过程与绩效改善资源"的全球性机构，协助企业适应瞬息万变的环境，创造更好的工作方式，并且在充满竞争的市场中获得胜利。APQC 创立于 1977 年，是一个以会员为基础的非营利机构，致力于各种改善手法的研究开发，制定产业标杆与最佳实务，并及时地发布新知识、训练课程，以及关键成功工具。APQC 颁布的过程分类框架（Process Classification Framework，PCF）是跨职能业务过程的分类法，可对组织内部和组织之间的绩效进行客观的比较。PCF 由 APQC 及其成员公司开发，作为一种开放的标准，它能通过过程管理和基准测试来促进过程的改善，无论行业、规模或地理位置如何。PCF 将运营和管理过程分为 13 个企业级类别，包括过程组、1000 多个过程以及相关的活动。APQC 提供两种PCF：跨行业和特定行业。跨行业 PCF 是最通用的 PCF，可以应用于任何组织。APQC 的特定行业框架是根据不同行业的独特需求而定制的。

PCF 是业务过程的分层列表，它包括 13 个高阶类别（见图 2-12），分为两大类：一类为运营过程（开发愿景和战略、开发管理产品与服务、市场和销售产品与服务、管理实体产品供应链、交付服务、管理客户服务）；一类为管理和支持服务过程（开发和管理人力资本，管理信息技术，管理财务资源，并购、建设和管理资

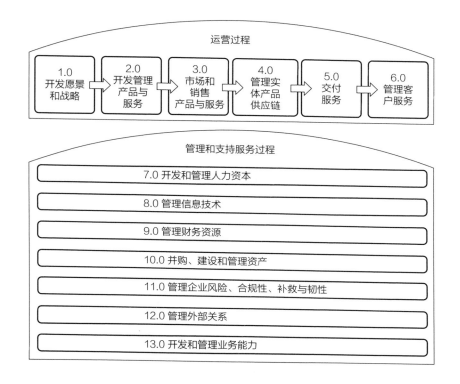

图 2-12 APQC 的 PCF 过程分类框架（7.3.1 版）

产，管理企业风险、合规性、补救与韧性，管理外部关系，开发和
管理业务能力），每一个类别都将工作分解为越来越细的单元或级
别，称为分类、过程组、过程、活动和任务（见图 2-13），图中显示
了 PCF 的五个级别以及 PCF 类别 1.0 的展开示例。过程元素名称前
面的数字（如"1.1.5"）称为层次结构编号。使用这些编号，您可以
通过遵循层次结构轻松找到单个过程元素。过程元素名称后面的括号
内的数字称为过程元素标识号。PCF 中的每个过程元素都有一个唯
一的标识号。即使在不同行业和组织中发生变化，都可以通过标识
来进行基准测试。分类是过程框架的最高级别。过程组指的是执行
一个分类的一组过程。过程是单独的，它是实现特定结果所需的一

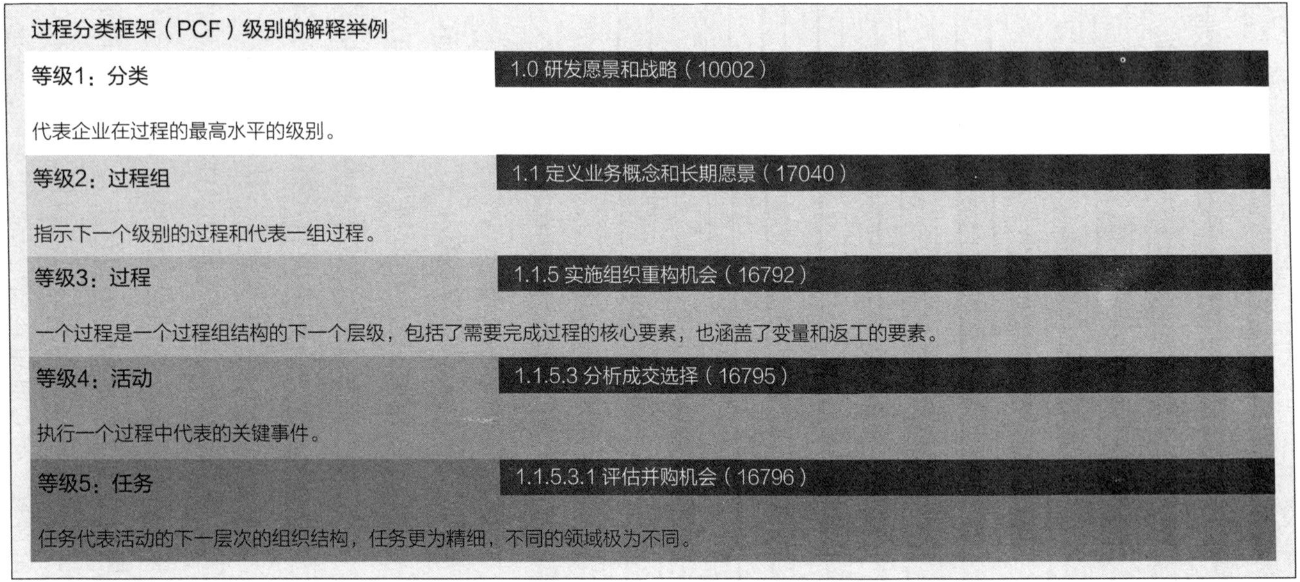

过程分类框架（PCF）级别的解释举例

等级1：分类

代表企业在过程在最高水平的级别。

1.0 研发愿景和战略（10002）

等级2：过程组

指示下一个级别的过程。

1.1 定义业务概念和长期愿景（17040）

等级3：过程

一个过程是一个过程组结构的下一个层级，包括了需要完成该过程的核心要素，也涵盖了变量和返工的要素。

1.1.5 实施组织重构机会（16792）

等级4：活动

执行一个过程中代表的关键事件。

1.1.5.3 分析成交选择（16795）

等级5：任务

任务代表活动的下一层次的组织结构，任务更为精细，不同的领域级为不同。

1.1.5.3.1 评估并购机会（16796）

图2-13 APQC 的 PCF 过程分类框架的展开图

系列步骤的名称。活动是执行过程的关键步骤。任务是执行活动所需的工作元素，它是 PCF 中最细粒度的元素，常常因行业和组织而异。APQC 过程框架为各种各样的组织提供了最佳实践的过程构建样本，但是每个组织都可以根据自己的实际情况构建适合自己的管理体系过程结构，不用照搬照抄 APQC，可以把 APQC 过程框架当作一个百宝箱选择性地使用，以达到事半功倍的结果。每个组织的业务过程千差万别，所以不存在一个完全一样的过程构架图，但是所有过程图的构建都遵循了基本原则，这就是 APQC 所展示过程图的基本原则。

2.2.4 过程方法在不同组织中的应用

1．过程图的绘制类型

任何工作，不管是较大规模的系统还是较小规模的过程或方法，它们通常都可被视为一系列事件或活动的流动。某工作的各个阶段、事件、活动或者步骤，都可以用过程图来表示，这里介绍两种基本的过程图的绘制。图 2-14 是简单过程图，这是一种简单的由上到下的单一流动的方式。简单过程图可以由左至右或由上到下，有序地描述各个步骤，可以依目的来决定详细的程度。图 2-15 是更为复杂的过程图，图中垂直顺序表述步骤的时序，水平顺序是依照过程流动的顺序经过的不同部门或职能而定的。展开过程图能够清晰地展示过程流过的时间和部门顺序，同时可以适当地加入过程备注信息，所以是非常实用的工具。关于过程图的绘制方法有很多，例如由

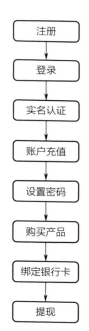

图 2-14　过程图示例

上到下的过程图、机会过程图、PERT图、决策树等，此处不展开介绍。

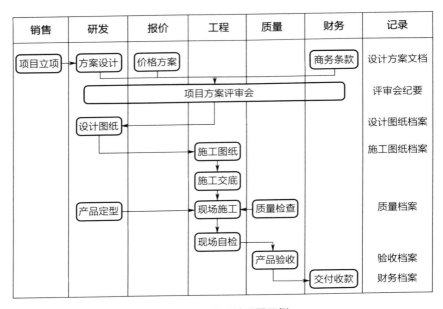

图 2-15　展开过程图示例

2．过程方法在不同组织和层次中的应用

下面是一些典型的过程图示例，"过程"和"PDCA循环"不仅可以应用于组织层面（见图2-16～图2-19），如跨国集团总部管理体系过程图、典型的销售和项目管理型组织的业务过程图、典型的生产制造型组织的业务过程图、典型的网约车平台的出行业务过程图等；也一样可以应用于群体层面（见图2-20～图2-22），如典型的培训提供的业务过程图、典型的精密铸造金属基复合材料制造过程图、科普类书籍的创作和出版过程图等；同样可以应用于个人层面（见图2-23和图2-24），如典型的电商平台购物下单的业务过程图、个人强化突出性格优势的措施的过程图等。

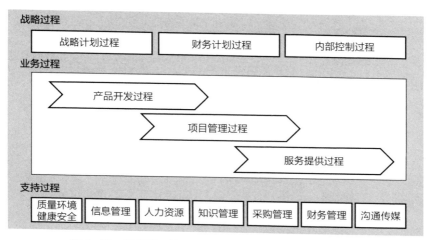

图 2-16 组织层面的过程：跨国集团总部管理体系过程图

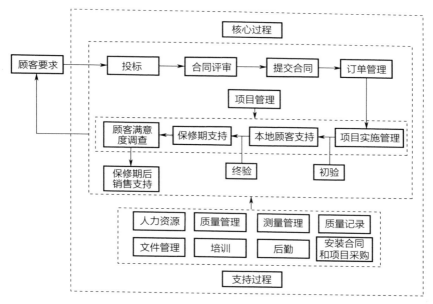

图 2-17 组织层面的过程：典型的销售和项目管理型组织的业务过程图

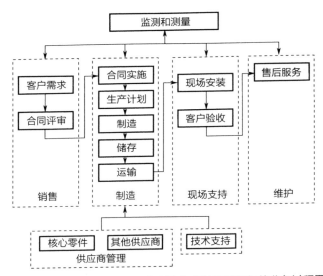

图 2-18　组织层面的过程：典型的生产制造型组织的业务过程图

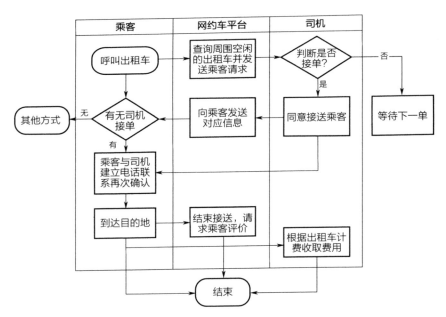

图 2-19　组织层面的过程：典型的网约车平台的出行业务过程图

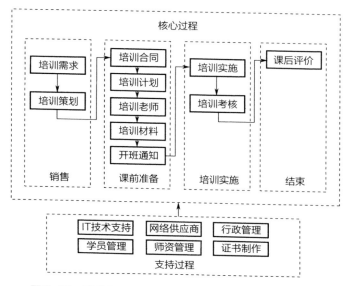

图 2-20 群体层面的过程：典型的培训提供的业务过程图

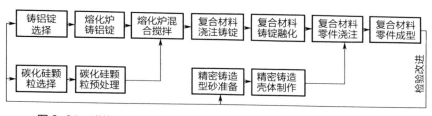

图 2-21 群体层面的过程：典型的精密铸造金属基复合材料制造过程图

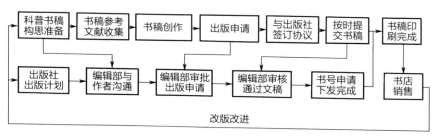

图 2-22 群体层面的过程：科普类书籍的创作和出版过程图

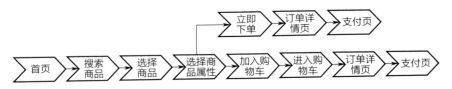

图 2-23　个人层面的过程：典型的电商平台购物下单的业务过程图

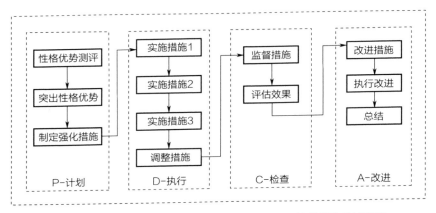

图 2-24　个人层面的过程：个人强化突出性格优势的措施的过程图

2.2.5　过程方法应用的经典案例

1. 丰田公司"精益制造"的过程方法

丰田生产方式（Toyota Production System，TPS）被世界公认为汽车制造业最成功的管理模式，国际上将其理念和技术体系概括为精益生产（Lean Production，LP）。现在，精益生产管理理论和方法的应用领域已经远远扩展到汽车制造业外的所有行业之中。丰田生产方式在日本汽车制造业远远落后于西方世界的时候，使日本快速形成强大的竞争力，经过 20 世纪 50 年代到 80 年代的努力，超过了欧美的汽车制造业，成为制造业一大奇迹。精益生产是丰田对质量的承诺，其根源可追溯到20世纪50年代对戴明的质量思想的继承和发扬，丰田成功的背后是对戴明的质量基本原理的全面采用。丰田生产方式的本质是什么？丰田TPS管理专家中山清孝说："丰田生产方式就是美国的工业工程在日本企业管理的应用。"第二次世界大战之后，美国的工业工程理论和技术传入日本，通过日本的本土化改造，确立了适合日本的管理模式和技术体系。丰田能够持续创造如此辉煌的成就，是卓越的"操作过程"（也称操作流程）所创造的直接成果，这种"操作过程"的卓越性基于丰田闻名于世的工具和质量改善方法，如准时生产（Just-in-time）、持续改进（Kaizen）、一个流（One-piece-flow）、自动化（Jidoka）、生产均衡化（Heijunka）等，这些方法被称为"精益制造"（Lean Manufacturing）革命。工具和方法只是丰田成功的原因之一，公司以了解和激励员工为基础的企业经营理念才是其成功的秘诀，图2-25所示的丰田制造的4P模式是丰田模式的最好

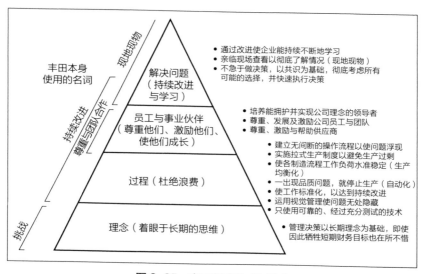

图2-25 丰田制造的4P模式

诠释，4P 是指理念（Philosophy）、过程（Process）、员工与事业伙伴（People）、解决问题（Problem Solving）。在丰田 4P 模式图中，过程的翻译采用了国内常用的流程。

丰田生产方式的发明者之一大野耐一阐述了精益制造的内涵："我们所做的，其实就是注意从接到顾客订单到向顾客收账这期间的作业时间，由此剔除不能创造价值的浪费，以缩短作业时间。"丰田的努力方向就是在从原材料到最终成品的生产过程中每一个步骤中间消除浪费、降低成本（见图 2-26），过程的设计至关重要，必须更快速、弹性地操作过程，以最高品质及可负担得起的成本，在顾客需要之时提供他们需要的东西。进入 21 世纪后，丰田在全球市场持续成功的基础依然是着重无间断的操作过程。过程在丰田模式中发挥了不可替代的重要作用。不论在制造、营销还是产品开发等过程中，只有把产品、服务或活动的实物或信息转化为顾客需要的东西，才能创造价值。关注顾客和满足顾客需求也是 ISO 9001《质量管理体系标准》中过程方法的核心内容。丰田管理者清楚地知道，如果丰田能够建立正确的过程，就一定能生产出好的产品。任何开展精益制造的企业，其核心是建立企业无间断的操作过程，即缩短从原材料到产出最终产品的时间消耗。这有助于促成最佳品质、最低成本，以及最短的送货时间。图 2-27 展示了精益制造典型的过程改造示例，左图是传统的按照机器设备种类来组织传统生产作业模式的生产作业过程，这种过程使用复式线路图来构建材料输送路径，材料在搬用转运到下一个工位时欠缺协调，无法控制生产时间。右图是采取精益生产模式的过程，以及其设备依循材料转化成产品的过程来组织安排，其过程组织是"U"形的，非常有益于提升人员移动、材料运输和沟通的效率。

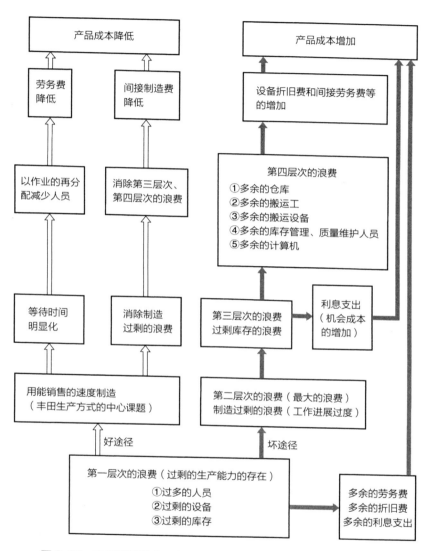

图 2-26 丰田精益模式：消除浪费、降低成本的过程（Process）图

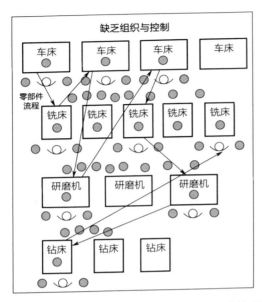
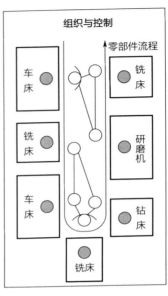

图2-27 丰田模式：精益改造前后组织与控制过程改变

2．通用电气公司六西格玛质量管理体系中的过程方法

美国通用电气公司（General Electric Company，GE）创立于1892年，是世界上最大的提供技术和服务业务的跨国公司之一，总部位于美国波士顿。自从托马斯·阿尔瓦·爱迪生创建了通用电气公司以来，GE在公司多元化发展当中逐步成长为出色的跨国公司。被彼得·德鲁克赞誉为"21世纪最优秀的公司领导"的杰克·韦尔奇先生从1981年至2001年一直担任公司的董事长和首席执行官，这位商界传奇人物享誉无数，如"最受尊敬的CEO""全球第一CEO"等，在领导GE的20年里，他通过大刀阔斧的改革，使通用电气的年营业额从上任前的250亿美元成长到1400亿美元，获利由15亿美元上升到127亿美元。杰克·韦尔奇的管理思想深深影响着GE的经营理念，同时也影响着GE的命运。从1996年开始，杰克·韦尔奇在公司年度管理会议上，对参会的500名公司高管宣布，公司正式启

动六西格玛改造项目。他坚信六西格玛质量管理体系将是 GE 历史上最大的成长机会，它不仅有助于公司盈利能力的提高，也将大大增加员工的满意度。GE 的目标是成为一家具有六西格玛产品品质的伟大的公司，公司将基于六西格玛的全面实施，使产品和服务达到 100% 合格的完美境界，公司将体现出追求卓越的基业长青的崇高目标。杰克·韦尔奇和 GE 使六西格玛从此成为所有追求卓越的公司纷纷追捧的最佳实践管理工具之一。

在实施六西格玛质量管理体系之前，GE 的操作过程处于每百万次操作出现 35000 次失误的质量水平，即相当于 3.5 西格玛的质量等级。35000 听起来像一个天文数字，事实上市场上大多数成功的公司也基本处于这样的质量等级上。杰克·韦尔奇希望通过六西格玛项目使公司的质量水平达到每百万次操作出现失误的次数少于 4 次的水平（行业的平均水平在 50000~100000 次之间）。公司特别制定了六西格玛质量管理体系的"跆拳道等级"制度，用绿带、黑带、黑带大师代表不同的质量管理级别，六西格玛的 DMAIC 循环工具（见图 2-28）被广泛地应用到运作过程的每个环节，六西格玛质量管理体系大幅度改善了原有的产品和过程，改善过程成为公司质量管理的核心。杰克·韦尔奇认为，六西格玛质量管理体系将是 GE 无边界和壁垒组织结构形式的一个自然延伸和扩展，GE 的任何人如果反对或不积极投入到这项运动中，那么 GE 将请他另谋高就。六西格玛质量管理体系运动就像熊熊烈火一样燃遍整个公司，并成为通用电气公司的 DNA。通过这项运动，几乎所有的专业技术工人都成了"绿带"，此外还拥有 5000 名全职"黑带"和"黑带大师"，他们负责监督和指导六西格玛质量改进项目的具体实施，大多数被提拔到重要管理岗位。六西格玛项目带来的财务回报，远远超过预期，以 1998 年为例，直接受益超过 7.5 亿美元，远远高于项目投入。由于六西格玛项目实施带来的公司市场份额以及产量的增加继续为公司带来上百亿美元的成本节约。1998年，GE依照六西格玛质量标准设计的第一项核心产品"光速"医疗扫描仪问世，它是一种多切片CT扫描设备，标志着医疗诊断史上一次新的革命。胸腔透视由过去的3分钟完成变成17秒钟完成，全身透视由过去需要10分钟完成一例到现在仅需32秒。2000年，杰克·韦尔奇在股东大会上发表演讲，专门提到六西格玛质量管理体系活动的成果："六西格玛是一种有效的质量过程管理方法。5年来，GE已经有超过10000名员工接受了培训，并把它应用到了具体的工作和实践中，取得了令人瞩目的成绩。GE上百家工厂和车间提供了世界一流的产品和技术，构成了GE坚实的有形资产。此外，公司全球享誉的百年品牌和声誉为公司奠定了雄厚的无形资产。我们还有一个强大的优势，就是六西格玛质量管理体系，它是GE历史上最强大的运作动力。"

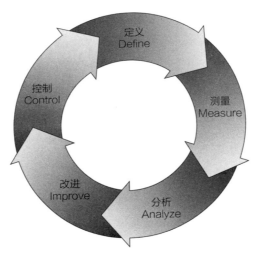

图2-28　六西格玛DMAIC循环过程

六西格玛质量管理体系是一种灵活的综合性系统方法，通过该体系获取、维持、最大化公司的成功，它需要对顾客需求的理解，对事实和数据的规范使用及统计分析，以及对管理、改进、再改造业务过程的密切关注。六西格玛使用的过程工具是基于戴明 PDCA 循环发展出的 DMAIC 循环，即定义（Define）、测量（Measure）、分析（Analyze）、改进（Improve）、控制（Control）。定义阶段确定关键的过程和所需资源；测量阶段确定改进的基线和目标；分析阶段收集评估问题所在，找到根本原因；改进阶段确立改善措施并实施改进；控制阶段确保改善的结果，维持过程的稳定（见图 2-29）。过程是六西格玛的核心要素，是 DMAIC 循环的起源，PDCA 循环是 DMAIC 循环的灵魂。

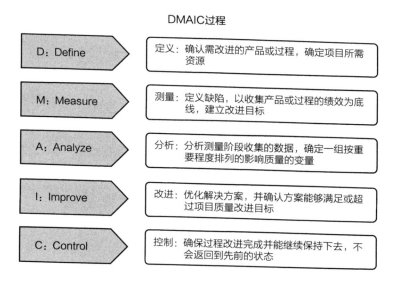

图 2-29 六西格玛 DMAIC 循环过程的步骤与任务

3. 华为的过程再造和过程型组织体系

华为技术有限公司（下简称"华为"），成立于 1987 年，是全球领先的信息与通信技术（ICT）解决方案供应商，专注于 ICT 领域，坚持稳健经营、持续创新、开放合作，在电信运营商、企业、终端和云计算等领域构筑了端到端的解决方案，为运营商客户、企业客户和消费者提供有竞争力的ICT解决方案、产品和服务，并致力于实现未来信息社会，构建更美好的全连接世界。2022年，《财富》公布世界500强榜单（企业名单），它排名第96位。2021年入选福布斯2021全球最佳雇主榜，排名第8位。2020年，在中国民营企业500强中排第1名。2017年，在"BrandZ最具价值全球品牌100强"中，华为名列第49位。

从1997年起，IBM等四家著名的跨国企业成为华为在过程变革、员工股权计划、人力资源管理、财务管理和质量控制方面的顾问，华为开启了全公司范围的过程再造革命。1998年，一部起草3年的《华为基本法》正式实施，这是中国第一部总结企业战略、价值观和经营管理原则的"企业宪法"和制度体系。华为锁定IBM公司为自己通向世界级企业道路上的学习榜样和战略合作伙伴。华为首先确定其业务模式由电信设备制造商向电信整体解决方案提供商和服务商转型，以充分发挥华为产品线齐全的整体优势，这样也可以借鉴IBM自1993年以来业务模式转型过程中的知识和经验。接下来，大约50位IBM管理咨询顾问进驻华为。在前后5年时间内，华为为此投入约5000万美元，用于改造内部管理与业务流程。华为还组建了一个由300人组成的管理工程部，以配合IBM顾问的工作。2000年，华为引入IBM集成供应链管理，对公司的组织结构进行了调整，成立了统一的供应链管理部，它包括生产制造、采购、客户服务和全球物流。美国专家迈克尔·哈默在20世纪90年代提出了过程再造（Process Reengineering），华为向IBM学习取经，踏踏实实地积极实践企业的过程再造，并取得了举世瞩目的成就。华为公司作为一家中国民营企业，2022年其业务收入达到6423亿元（924亿美元），不仅业务收入保持连续增长，更实现了从单一交换技术到无线等技术，从单一产品到多产品开发，从B2B到B2C全业务运营，在管理的跨度、难度和深度等领域都取得了重大的成功经验。华为在创业、国内成长、国际化、全球化、全球领先五个重要阶段都取得了宝贵的成功经验，并成为业界的最佳实践标杆。华为认为公司存在的唯一理由是为客户服务，"以客户为中心，为客户创造价值"是公司的共同价值观。公司拥有完善的内部治理架构（见图2-30），各治理机构权责清晰、责任聚焦，但又分权制衡，使权力在闭合中循环，在循环中科学更替。公司坚持以客户为中心、以奋斗者为本，持续优化公司治理架构、组织、流程和考核机制，使公司长期保持有效增长。ICT基础设施业务是公司最核心的业务之一。集团职能平台是聚焦业务的支撑、服务和监管的平台，向前方提供及时、准确、有效的服务，在充分向前方授权的同时加强监管。

基于公司所处的内外部环境，华为参照 ISO 26000 和责任商业联盟（RBA）行为准则等，按照 PDCA 循环建立了企业可持续发展（CSD）管理体系（见图2-31），持续从领导力、策划、组织与能力支撑、流程运营、绩效评估以及改进六个方面实现可持续发展战略和目标的闭环管理，加强数字化运营，不断提升利益相关方满意度。华为把过程管理分为主业务过程（包括战略管理、集成产品开发、客户关系管理、集成供应链）和管理支持过程（各职能部门的流程）。主业务过程是公司管理主线，是为客户创造价值的流程，也是公司存在的基础；管理支持过程为运营过程的高效执行提供服务和支持。华为内部一直提倡过程化的企业管理方式，用过程把重复的、简单的、大量的工作模版化，建立对应的三个系统，即产品集成开发（IPD）、收款（LTC）、售后（ITR），同时，用流程 IT 的方式进行固化，从接受客户需求，到交付给客户满足要求的产品，从而实现端到端跨职能部门的集成管理过程。过程的层次和管理层次相关，不同的过程层次对应了不同的管理层次的工作，以及主过程用于中高层的业务决策和端到端跨职能部门的业务管理，二级子过程用于智能领域管理，确保职

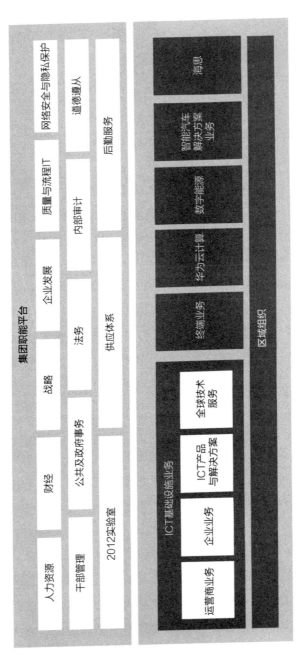

图 2-30　华为的业务架构

资料来源：华为 2022 年企业年报。

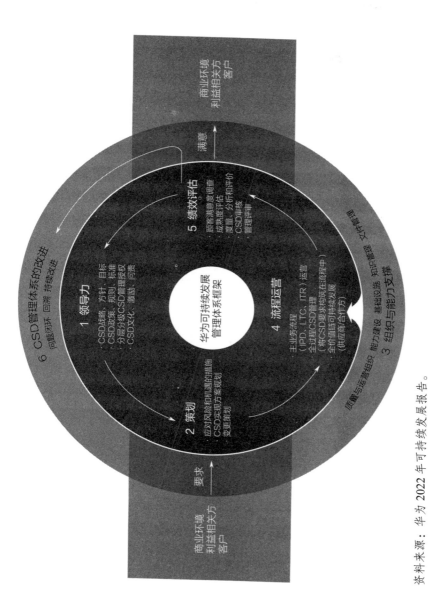

图 2-31　华为可持续发展管理体系框架

资料来源：华为 2022 年可持续发展报告。

能域的交付能满足主过程的需要，操作级流程用于指导基层活动。

华为的流程责任人制度具有标杆示范作用，流程责任人[⊖]（Process Owner）是指企业中对业务过程承担最终责任的人，负责达成过程绩效指标和保障过程执行，在权限范围内组织对过程的变革和优化并签发过程文件。在流程型组织中，流程责任人不是某一个过程的责任人，而是一个责任人体系，自上而下授权和行权，由一系列责任人组成，按一定的范围制定业务过程和管理执行。图 2-32 展示了流程责任人运作体系，过程性组织按照严格的矩阵型结构运作，与矩阵型组织不同，过程型组织的矩阵结构是固定的，不会因为横向的项目组完成任务而解散，因此过程型组织是真正的矩阵型，这种固定矩阵强化了双向指挥。华为的流程成熟度模型 GPMM（Global Process Maturity Model）将企业过程管理水平分为五个等级（见图 2-33），即初始级、已管理级、已定义级、已量化管理级和可持续优化级。

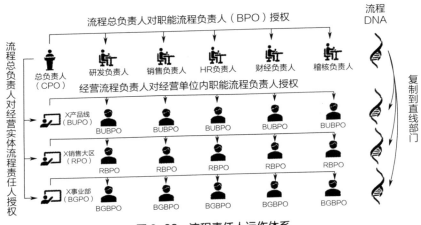

图 2-32　流程责任人运作体系

⊖ 华为公司的过程图中，Process 采用了"流程"的翻译，与本书所指的"过程"概念实质上是一致的。

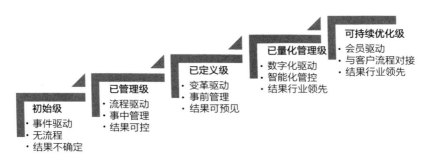

图 2-33　华为 GPMM 流程成熟度模型

2.3　积极心理团体辅导理论与过程方法

团体理论中的"3P"理论指出，有效的团体工作要求团体领导者基于理论范式和实践模型来进行工作，团体由一群有需求的个体（People）组成，这些需求激发人际动力，必须在团体过程（Process）中进行处理，从而实现团体的目的（Purpose），使个人和集体获益。按照团体过程理论，团体过程分为五个阶段（见图 2-34），但每个阶段不是自发的或相互独立的，各有特点，在整体团体过程中才有意义和价值。积极心理团体辅导的团体过程分为五个阶段（见图 2-35），该理论中的结构化团体过程方法是各种组织实践积极心理学的十分有效的工具方法，也是团体"3P"理论中重要的一个 P——"过程"的一个具体体现。过程是将 PERMA 理论的五要素与目标幸福连接在一起的桥梁。

图 2-36 展示了积极心理团体辅导基于过程方法和 PDCA 循环的示意图，按照过程观点，积极心理团体辅导的团体过程就是依据明确的过程方法。图中的底层展示了樊富珉提出的结构化团体过程，分为五个阶段。图中的中层展示了具体的积极心理团体辅导项目的进行过程：积极心理团体辅导项目的起点是积极心理团体辅导项目策

图 2-34　团体过程理论五个阶段的过程图

图 2-35　积极心理团体辅导理论五个阶段的过程图

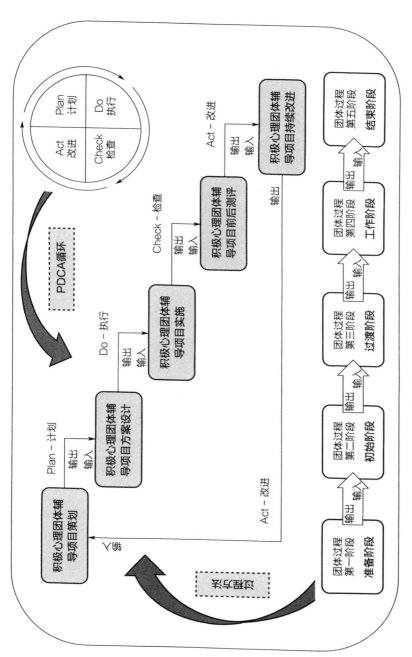

图 2-36　积极心理团体辅导基于过程方法和 PDCA 循环的示意图

划，本阶段的输入前提是项目的需求、目标和现有条件资源，输出是项目计划。上一阶段输出的项目计划成为下一个阶段积极心理团体辅导项目方案设计的输入，本阶段的输出为项目总体方案和分单元设计。项目总体方案和分单元设计成为再下一个阶段积极心理团体辅导实施的输入，本阶段的输出是项目实施完成和团体成员完成所有既定任务，包括前测、后测、追踪测的任务。这个输出成为下一个阶段积极心理团体辅导前后测评的输入，本阶段将通过统计分析前后测的数据得出的项目最终成果和结论作为输出。这个输出成为最后一个阶段积极心理团体辅导项目持续改进的输入，本阶段的输出是针对项目取得的成效和需要改进的措施。这成为下一次的积极心理团体辅导项目的持续改进的输入，从而形成一个 PDCA 的完整循环。

2.4　福流理论与过程方法

1995 年，米哈里·契克森米哈赖提出对福流的体验，有三个重要的条件：清晰的目标；及时的反馈；技能和挑战的完美匹配。图 2-37 是福流产生的三个重要条件的过程和 PDCA 循环的展示。幸福 2.0 理论的 5 元素 PERMA，就是目标"追求幸福的美好人生过程"的输入。"过程"的输出有两个部分：一个客观的输出，代表一个个目标实现的"PDCA 循环"；一个主观的输出，代表体验的"福流"。通过培养技能，将注意力集中在一个个生活和工作中的"过程"，按照 PDCA 循环的模式构建目标和计划并达成目标，形成一个个随机的"小福流"（见图 2-38），这些如涓涓细流般的"小福流"在人生整体目标的召唤下，在奔腾的中间汇聚成"中福流"，最终将汇聚成贯穿一生的"大福流"（见图 2-39）。

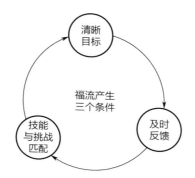

图 2-37　福流产生的三个重要条件的过程和 PDCA 循环的展示图

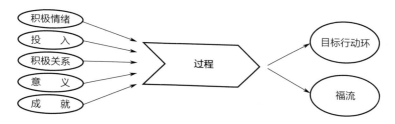

图 2-38　积极心理学 PERMA 理论的 5 个元素输入"过程"输出福流的示意图

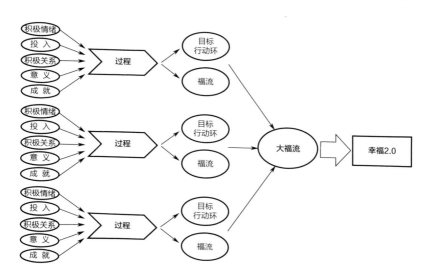

图 2-39　小福流汇总成大福流的过程示意图

2.5 基于过程方法的 PERMAP 模型

现代积极心理学之父马丁·塞利格曼教授在《持续的幸福》一书中提出幸福 2.0（Well-being）理论，他认为幸福是一个概念，包括五个元素（见图 2-40）：积极情绪、投入、积极关系、意义、成就。这 5 个元素对幸福都有贡献并互相独立，24 个性格优势对所有 5 个元素都提供支持。如果把幸福（Well-being）作为因变量 y，而 5 个元素作为自变量 x_1、x_2、x_3、x_4、x_5，可以假设幸福的公式是：$y=f(x_1, x_2, x_3, x_4, x_5)$，或 Well-being $=f(P，E，R，M，A)$。y 与 x 都已清楚了，可是最关键的 "f" 是什么呢？这是马丁·塞利格曼教授在书中没有解释的问题。缺少了 "f"，幸福目标与 5 元素之间便是割裂的，那么幸福 2.0 的实现好像缺少了达成目标的一个必要途径。答案也许在智者的话语中可以发现端倪，克里斯托弗·彼得森教授在《积极心理学之门》一书中指出 "幸福不是一项观赏运动"。彼得森认为，观赏运动时，人们坐在沙发上，看着电视里的运动员挥汗拼搏，虽然情绪良好，但其实只是一个 "看客" 而已，那不是积极心理学的最终目的。"积极心理学之父" 马丁·塞利格曼教授也说："积极心理学，有一半在脖子以下。" 他强调了积极心理学绝对不是一门只在学术圈里做研究、在象牙塔里传播的学问，而应该是知行合一、渗透在人们日常行为中的科学准则。提出著名的福流概念的米哈里·契克森米哈赖教授提到："只有当精神能量（注意力）专注于实际目标，行动与机缘又配合得天衣无缝时，才会出现这种现象（最优体验）。" 泰勒·本·沙哈尔把幸福的实践称为 "心行动"，即 "心动" 加 "行动"，只有 "心行动" 才能让理论焕发真正的生命力，他认为幸福体验是一个不断进阶的过程，追求幸福感是一场延续一生的旅程。中国积极心理学的发起人彭凯平教授指出 "积极心理学是行动的科学"，行动成就积极正是今天在全球蓬勃发展的积极心理学的一项核心价值观。积极心理学的目标是让人过一种充满澎湃福流的人生。这些福流是那种让人如醉如痴、物我两忘、全情投入、得心应手、心花怒放的巅峰体验。它不是通过轻松的行动就能获得的，必然是要在一个有意义、能点燃激情的目标指引下，付出艰辛的努力、长期坚持才能体验到的。师从"积极心理学之父"马丁·塞利格曼的中国积极心理学应用领头人赵昱鲲先生写作的《无行动，不幸福》一书，不仅书名体现了"无行动"不可能获得真实的幸福，而且在书中每个章节的结尾都提出了"今日行动"，成为倡导"行动出幸福"的行动指导手册。这里面都暗藏玄机，获得幸福和追求美好人生是一个持续不断的行动，从前面章节对过程方法和 PDCA 循环的详细介绍中我们可以知道，任何行动都可以用过程方法和 PDCA 循环来解析，因此行动就是持续进行的"过程"。心理学原理与团体过程相互结合的关系（见图 2-4）表明：团体过程是连接个人与团体成员并实现团体目标的必由之路。所以，这"f"（对应法则）就是"过程"，因为任何组织活动都可以被看成互为输入与输出条件而连接在一起的一个个"过程"，任何"过程"的完成都经过"PDCA 循环"来达成目标。

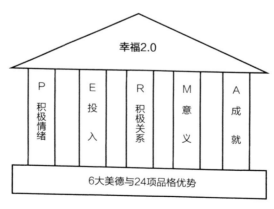

图 2-40　积极心理学 PERMA 模型示意图

综上所述，本书建议在马丁·塞利格曼提出的幸福2.0中PERMA模型的5个元素的基础上，增加第6个元素"过程"形成新的"PERMAP"模型（见图2-41）。这个元素不是处于与5个元素并列的位置，而是处于顶端位置的幸福2.0目标（Well-being）与5个元素支柱之间连接的位置，发挥着如同房屋建筑中房梁的作用。房梁处于房屋承重墙和柱子的上端，连接屋顶，从而保证了房屋整体建筑结构的完整、稳定和安全，"过程"元素将5个元素PERMA汇聚在一起形成通向幸福2.0目标的通途，从而确保PERMA能够有效地实现其共同幸福目标。积极心理团体辅导是"团体3P理论"中重要的一个P——"过程"的具体体现，是促成积极心理学实践达成目标的重要途径。

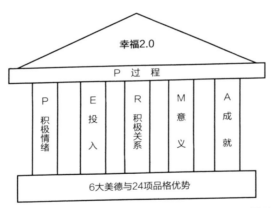

图2-41 PERMA加"过程"元素的PERMAP模型

本章要点

1. "过程方法"结合了PDCA循环与基于风险的思维，为了达成满足顾客要求和增强顾客满意度的目标，将互相关联的多个过程作为一个体系加以理解和管理，有助于组织有效和高效地实现其预期结果。

2. 积极心理团体辅导理论是以积极心理学的理论为依据，以团体干预的方法为形式，以提升团体成员积极心理健康与幸福感为目标的团体心理辅导。积极心理团体辅导的内容与目标主要有两点：提升成员的幸福感，强化成员的品格优势。积极心理团体辅导的干预主要是为了培养积极情绪体验、培养积极认知、发掘和善用品格优势。积极心理团体辅导的团体过程分为五个阶段（准备阶段、初始阶段、过渡阶段、工作阶段、结束阶段）。积极心理团体辅导的实施阶段过程是"团体 3P 理论"中重要的一个 P——"过程"的具体体现。

3. 建议在幸福 2.0（Well-being）PERMA 理论的 5 个元素：积极情绪、投入、积极关系、意义、成就的基础上，增加第 6 个元素"过程"（P）形成新的"PERMAP"模型。这个元素不是处于与 5 个元素并列的位置，而是处于顶端目标位置的幸福 2.0（Well-being）与 5 个元素支柱之间连接的位置。"过程"元素将五个元素 PERMA 汇聚在一起形成通向幸福 2.0 的通途。

第3章
基于过程方法构建
积极组织行为

"知识工作者需要经济报酬，没有它自然是行不通的，但光有经济报酬还不够，他还需要机会，需要成就，需要自我实现，需要价值。知识工作者只有成为有效管理者，他的这些需要才能得到满足。"

——彼得·德鲁克

　　组织行为学发端于 1924 年在美国进行的霍桑实验，后逐渐发展成为管理科学和心理科学的重要流派之一。2000 年 1 月，马丁·塞利格曼和米哈里·契克森米哈赖在《美国心理学家》杂志上发表论文《积极心理学导论》，由此创立了积极心理学（Positive Psychology）。积极心理学领域相关的研究，例如埃德·迪纳有关快乐和主观幸福感的工作，芭芭拉·弗雷德里克森的拓展—建构理论等，为积极组织行为学的建立提供了必要的基础。受到积极心理学理论发展的影响，弗雷德·卢桑斯在 2002 年提出积极组织行为学（Positive Organizational Behaviors）的概念，积极组织行为学研究的主要任务不仅仅是管理人的缺点，还包括在工作中发挥人的优势，由传统的关注人的消极特性的视角转向关注积极特性的全新视角看待组织。心理资本（Psychological Capital）是积极组织行为学中最核心的概念，指个体在成长和发展过程中表现出来的一种积极心理状态，包括希望（Hope）、自我效能（Efficacy）、韧性（Resilience）、乐观（Optimism）四个维度，心理资本对组织绩效的影响是可以管理的。对于如何有效地提升心理资本这一问题，芭芭拉·弗雷德里克森提出了积极情绪的拓展—建构理论（Broaden and Build Theory of Positive Emotions）：积极情绪能够拓展个体的瞬间思维和行动范围，进而建构持久的个人资本（智力资本、生理资本、心理资本和社会资本），从而给个体带来长期的适应性益处。樊富珉提出的积极心理团体辅导理论是以积极心理学的理论为依据，以团体干预的方法为形式，以提升团体成员积极心理健康与幸福感为目标的团体心理辅导。积极情绪的拓展—建构理论和积极心理团体辅导理论都是有效提升心理资本的方法。研究积极组织行为对于理解目前社会上提出的建立"幸福企业"有重要的帮助，构建"幸福企业"比积极组织行为有更为广泛的内涵，构建积极组织行为是建设"幸福企业"的重要手段之一。"幸福企业"是一个模糊表达的概念，所以这里表述用了引号，有关"幸福企业"与企业幸福体系的差异将在第 4 章描述。

3.1 组织行为学

3.1.1 组织行为学的过程方法模型

组织行为学（Organizational Behavior，OB）的研究起源于梅奥等主持的霍桑实验，在初始的组织行为研究中显示出积极的取向，例如员工的积极感受、幽默与工作绩效显著正相关，积极强化、积极情感等可以正向引导员工的态度，但在随后几十年内，多数组织行为研究致力于探讨员工的消极情感而非积极情感，如工作压力、职业倦怠、人际冲突等。这种情况从 2000 年左右发生了变化，这一时期马丁·塞利格曼等推动了积极心理学运动的开展，受到积极心理学理论发展的影响，弗雷德·卢桑斯在 2002 年提出积极组织行为学的概念。在介绍积极组织行为学前，有必要了解一下其基础的组织行为学的基本框架。

组织行为学是一个研究领域，它探讨个体、群体以及组织结构对组织内部行为的影响，目的是应用这些知识改善组织绩效，也就是关注人们在组织中做什么以及这些行为如何影响组织的绩效。组织行为学提供了一种理论框架，帮助我们理解和解释为什么个体和群体会做出某些行为，为什么组织会出现某些现象。在组织行为学中，有几个重要的框架被广泛应用，包括个体行为、群体行为和组织行为，重点研究个体、群体和组织在工作环境中的行为模式、决策过程以及相互关系。在组织行为学基本模型的三个层次中，个体行为关注个体在工作环境中的行为模式和决策过程，群体行为关注群体在工作环境中的行为模式和决策过程，组织行为关注组织内部的行为模式和决策过程，以及组织与外部环境的相互关系。这些框架为我们理解和解释个体、群体和组织在工作环境中的行为提供了重要的理论基础，有助于提高组织的效能和绩效。组织行为学的基本模型（见图3-1）在个人层次、群体层次、组织层次上都应用了过程的概念，有关输入、过程、输出的表述很直观清晰。输入是指诸如人格、群体结构、组织文化等引起过程的变量。过程是个人、群体和组织参与的活动（动机、情绪、沟通、领导、冲突、人力资源、变革等），由输入引起，最终带来一定的输出。组织行为学的模型是典型的过程方法模型。

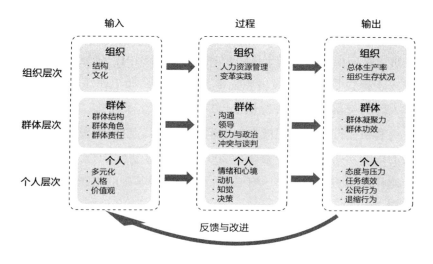

图3-1　组织行为学的过程方法模型

3.1.2 组织行为学的目标

组织行为学的输出是需要解释或预测的关键变量，影响着组织行为学的目标和结果。在个人水平上是态度与压力、任务绩效、公民行为、退缩行为。在群体水平上是群体凝聚力、群体功效。在组织水平上是总体生产率和组织生存状况。对于输出，组织中最常使用的测量指标有工作满意度、工作绩效（任务绩效、公民行为、反生产行为）、组织绩效等，这些测量指标可以用于过程绩效有效性的评估。下面简单介绍一下组织行为学的输出概念，有利于我们把握组织行为学目标的实现。

态度与压力是指员工的态度即员工对人、事、物的积极或消极的评价，态度的组成部分包括情感、行为和认知，这有助于帮助理解态度的复杂性及其对行为的影响（见图 3-2）。压力是一种心理体验，通常是对环境的压力源做出的一种反应。态度会影响行为，行为会影响绩效，满意的员工比不满意的员工生产效率更高。工作态度是员工对工作环境的积极或消极评价，如工作满意度、工作卷入、组织承诺、组织支持度、员工敬业度。在谈及员工态度时，通常是指工作满意度，即人们对工作特点进行评估后而产生的对工作的积极态度。如果一个人拥有较高的工作满意度，则说明他对工作持积极态度；满意度水平较低的人则对工作持消极态度。工作满意度是组织行为学非常重要的输出。影响工作满意度的因素有工作条件、人格、薪酬、企业社会责任等。工作满意度高的员工，工作绩效更高，更容易表现出组织公民行为，对顾客满意度和员工生活满意度都有正向影响。工作态度不满意的结果会导致反生产工作行为。虽然我们一般把工作满意度和生活满意度区别对待，但是它们之间的关系很密切，工作满意度与生活满意度呈正相关关系，人的生活态度和经历会渗透到人的工作方法和经历中。对大多数人而言，工作是生活的重要组成部分，人们的总体幸福感在很大程度上取决于工作中的幸福感，即工作满意度。

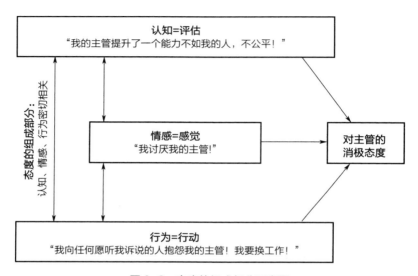

图 3-2　态度的组成部分示意图

任务绩效是个体完成核心工作任务的效果和效率，是高效组织的重要人力输出。

公民行为是员工自觉从事的行为，不包含在员工的正式工作要求中，但会给工作场所的心理和社会环境带来有利影响，拥有更多组织公民行为的组织业绩更出色。

退缩行为是员工采取的一系列脱离组织的行为，如迟到、不参加会议、缺勤、离职等。员工退缩行为会对组织业绩造成严重影响。

群体凝聚力是指群体成员之间的相互支持和认可。有凝聚力的群体会比较团结，如果员工相互信任，为了共同的目标而努力，这就是一个具有凝聚力的群体；如果员工之间存在嫌隙，追求目标不同，彼此不忠诚，这个群体就没有凝聚力。具有凝聚力的群体更高效。

群体功效是指一个群体工作的数量和质量。积极的工作态度与高水平的任务绩效有关。同样，群体凝聚力能带来积极的群体功效。群体功效不是把个体的任务绩效简单相加。有效的群体专注于核心任务，高效完成每一项目标。

总体生产率要求组织既有效果又有效率，如果组织以最低成本的投入将输入转化成输出，以实现其目标，组织的生产率就是高的。

组织生存状况是表明组织能够长期存在并发展下去的证据。一个组织的生存不仅取决于组织的生产率，还取决于组织对环境的适应能力。如果一个公司非常高效，但是产品和服务不适用市场，那么这家公司不可能长期生存下去。

组织行为学的核心课题是动机、领导行为和权力、人际沟通、群体结构与过程、态度形成与知觉、变革过程、冲突与谈判、工作设计。组织行为学是一门应用性的行为科学，它是在众多行为科学分支基础上建立起来的，如心理学、社会心理学、社会学、人类学等。心理学的贡献在于个人和微观分析上，其他学科则帮助理解群体和组织。由于人的复杂性，几乎没有简单而普适的原理能够解释组织行为。因为同样的情景下，不同的两个人表现常常大不相同；同样，一个人在不同的情境中行为也会发生变化。但是，组织行为学依然可以针对人类行为给出合理准确的解释，或做出有效的预测。组织行为学通过把一般性的概念和理论加以调整，再应用到特定的情境、个人和群体中而发展起来。当我们意识到一般规律和影响的偶然性在通常情况下是如何引导行为的时候，我们才能更好地理解组织行为学。

3.2　积极心理学的理论

积极心理学是心理学领域的一场革命，也是人类社会发展史的一个新里程碑，是一门从积极的视角研究传统心理学研究的东西的新兴科学。积极心理学作为一个研究领域的创建标志是马丁·塞利格曼和米哈里·契克森米哈赖于2000年1月发表的论文《积极心理学导论》，它采用科学的原则和方法来研究幸福，倡导心理学的积极取向，以研究人类的积极心理品质，关注人类的健康幸福与和谐发展。在研究方法上，积极心理学吸收了传统主流心理学的绝大多数研究方法和研究手段（如量表法、问卷法、访谈法和实验法等），并把这些研究方法和研究手段与人本主义的现象学方法、经验分析法等有机地结合起来。它参照传统主流心理学的《精神疾病诊断与统计手册》（The Diagnostic and Statistical Manual of Mental Disorders，DSM）建立了自己的有关幸福的诊断和统计标准，这使得积极心理学从一开始就让心理学界看到了一张熟悉而又亲切的脸。积极心理学采取了更加包容的态度，它以实证的研究方法为主，同时也不拒绝非实证的研究方法，这也是它比人本主义心理学高明之处。它几乎继承了传统主流心理学的一切实证的研究方法，如实验法、调查法等。马丁·塞利格曼和克里斯托弗·彼得森以DSM为模板在2004年建立了积极心理学的品格优势与美德的标准（Character Strengths and Virtues：A handbook and Classification）。另外，它还采纳了人本主义现象学的方法，如在研究人的积极进展时采用了大量的演绎推理，甚至还用文化解释学的方法来论述个体的发展历程。

3.2.1　PERMA 理论

PERMA理论是积极心理学的核心理论之一，它由马丁·塞利格曼提出，包含了五个构成要素：积极情绪、投入、积极关系、意义和成就。PERMA理论不仅可以帮助人们更好地理解幸福感的来源，还为人们提供了实现幸福感的路径和方法。

（1）积极情绪（P：Positive emotion）：幸福2.0理论的第一个元

素是积极情绪（快乐的人生）。这也是幸福 1.0 理论中的第一个元素。它仍然是幸福 2.0 理论的基石，但有一个关键的改变，即幸福感和生活满意度从整个理论的目标降低为包含在积极情绪里的一个因子。

（2）投入（E：Engagement）：投入仍然是一个元素。就像积极情绪一样，它也只能靠主观评估。（"有没有感觉到时间停止？""你完全沉浸在任务中了吗？""你忘了自我吗？"）积极情绪和投入是幸福 2.0 理论里两个靠主观评估的元素。积极情绪是快乐（或愉悦）的元素，包含了主观幸福感的所有常见因素：高兴、狂喜、舒适、温暖等。不过要记住，处于心流状态时，通常没有思想和感情，我们只会在回顾时说"那真好玩"或者"那真棒"，因此，对快乐的主观感受是"此时的"，而对投入的主观感受只能靠回顾。

（3）人际关系（R：Relationship）：有人曾经要求积极心理学的创始人之一克里斯托弗·彼得森用两个字来描述积极心理学讲的是什么，他回答说："他人。"积极很少见于孤独的时候。

（4）意义（M：Meaning）：意义指归属于和致力于某样你认为超越自我的东西，塞利格曼保留它作为幸福的第三个元素。意义有主观成分（"昨夜在宿舍里通宵畅谈难道不是最有意义的吗？"），因此它有可能被纳入积极情绪。如前所述，主观成分是积极情绪的决定性因素。

（5）成就（A：Accomplishment）：前面那些暂时的状态（积极情绪和意义，或者进一步说，愉悦的人生、有意义的生活）不能包括人们所有的终极追求。还有两样东西（成就和人际关系）也对"幸福2.0 理论"有所贡献，它们两个并不是追求快乐或者意义的副产品。

3.2.2　美德与 24 项品格优势

马丁·塞利格曼邀请克里斯托弗·彼得森领衔完成不同于 DSM

的全新评价标准的设定，用以对人类的优势进行权威的分类和测评。在阅读了世界主要宗教和哲学派系的观点，研究了横跨几千年历史的不同文化后，他们找出了 200 多种美德，发现了 6 个放之四海而皆准的美德（智慧和知识、勇气、仁爱、正义、节制和精神卓越），从而取得跨文化的一致性。他们在 2004 年编写了《品格优势和美德手册和分类指南》，提出的积极行为分类评价（The Values in Action Classification of Strengths）系统，将 24 种品格优势（Character Strengths）分为 6 项核心美德（Virtue），而培养这 24 种品格优势就是获得核心美德的途径。"VIA 品格优势测评"（简称"VIA 测评"）是由 240 个问题组成的调查，VIA 测评可以帮助测评者从 24 种品格优势和美德中选出自己最突出的 5 个品格优势。马丁·塞利格曼认为，每个个体如果能在每天的生活中运用与生俱来的一系列优点，将会最大限度地促进个体的参与感与意义感。品格优势与优势性格是完全不同的两个概念，前者是严格意义上的心理学术语，而后者是对某类具有一定优势的性格的统称。彼得森认为，品格优势是通过个体的思想、感情和行为表现出来的一组积极特质，是积极人格特质研究的主要内容，不同的品格优势可以组成更高一层的美德，而美德是人类获得幸福和健康的核心要素。

美德一：智慧和知识（Wisdom and Knowledge）
即获取知识和应用知识的智慧以及认知优势。

1）创造性（Creativity）：不满足于常规的做事方法，喜欢用非传统而富有创意的方式思考问题和做事。

2）好奇心（Curiosity）：会主动追随新奇的事物，而非被动地吸收信息，能对世界中所有正在进行的体验感兴趣。

3）开明（Open-mindedness）：能够客观并理性地过滤信息，不会草率地下结论，不会将需要和诉求与事实相混淆。可以周详地考虑事情，根据真凭实据来做出利人利己的判断，并且愿意做出改变。

4）喜爱学习（Love of Learning）：喜欢学习、阅读、去博物馆，以及去任何可以学到新东西的地方。而且在没有任何外在诱因的情况下，还会对学习新知识、掌握新技能非常有兴趣。

5）洞察力（Perspective）：能够向他人提供明智的忠告，并且会请具有这种优势的人给自己提供指引，用他们的经验来帮助自己或其他人解决问题。他们看问题的方式使这些问题迎刃而解，是生活中解决问题的专家。

美德二：勇气（Courage）

即使在很不利的条件下，还能为达成理想目标而勇往前进。

6）真实性（Authenticity）：很诚实、很正直、不虚伪。能够真实地面对现实生活，真诚对待自己与他人，不论说话办事都能诚诚恳恳、实事求是。

7）勇敢（Bravery）：能够将恐惧情绪与自己的行为分开，勇敢直面风险和危险。绝不会在威胁、挑战、困难或痛苦前畏缩。明知站出来会带来不利，但仍会挺身而出。能够泰然地面对逆境，并且不会为此丧失尊严。会根据自己的信念而行动，即使面对强烈的反抗，仍会将信念坚持到底。

8）毅力（Persistence）：拥有它的人不会虎头蛇尾，做事总能有始有终，能承担困难的工作并把它完成，而且没有抱怨。这样的人不仅能完成所承诺的部分，有时还能完成更多，但绝对不会少。

9）热忱（Zest）：通常精力充沛，无论做什么都会全心全意、竭尽全力。对生活总是充满激情和活力，每天早上睁开眼睛时，都迫不及待地想开始一天的工作。

美德三：仁爱（Humanity）

能在朋友、点头之交，甚至是陌生人的人际交往之中发挥出积极的表现。

10）仁慈（Kindness）：对别人很仁慈、很慷慨，喜欢帮助别人，即使对那些不太熟的朋友也会尽全力提供帮助。他们还能够看到别人的价值，凡事先替别人着想，有时甚至会将自己的利益放在一边，并经常从帮助别人中得到快乐。

11）爱（Love）：拥有爱与被爱的优势，非常重视与他人的亲密关系，同样也重视别人是否也一样珍惜这种关系。

12）社会智慧（Social Intelligence）：拥有这个品质的人能够注意到人与人之间的不同点，很容易地识别出他人心情的变化与气氛的变更。能意识到自己的动机及感觉，并且能针对这些不同特点做出恰当的反应。还会准确地找到自己的位置及用武之地，充分地把自己的优势和兴趣利用起来，最大程度发挥自己的潜能。

美德四：正义（Justice）

超越了一对一的关系，是你与集体的关系，如你与家庭、你与社区、你与国家及你与世界的关系。

13）公正（Fairness）：能按照公平正义的理念对待所有的人，不会让自己的感情和偏见影响任何决定，他会给任何人同样的机会，能将别人的利益看得与自己的利益一样，即使对方是个陌生人。

14）领导力（Leadership）：不但有很好的组织才能，还能与组织成员保持良好的关系，并能如期实现工作目标。能够对团体中的所有人有爱心，对所有事无恶意，对所有正确的事都坚持。除了有效率之外，还要有人道的美德。并能勇于认错，承担犯错的责任与后果。

15）团队精神（Teamwork）：通常是集体中的优秀分子，非常忠心，有凝聚力，有团队精神，能努力做好本职工作，并努力使团队获取成功。但它不是愚昧盲从，而是对权威的尊重。

美德五：节制（Temperance）

能恰当并适度地控制自己需求和想法的表达，但不是压抑自己的动机，而是等到最佳时机。

16）宽恕（Forgiveness）：懂得宽恕，会宽容他人，能原谅那些曾对不起他们的人，他们永远会给别人第二次机会，他们处世的原则是慈悲而不是复仇。

17）谦虚（Modesty）：很低调，不张扬，不装腔作势，不喜欢出风头，宁愿让成绩说话。他们觉得自己的成败并不是很重要。他们也不认为自己很了不起，别人也同样敬重他们的谦虚。

18）谨慎（Prudence）：能细心地思考与小心地做出选择，不说和不做以后可能会后悔的事情。会在反复确认正确后再发布行动命令。能够为了长远的目标和将来的成功而抵抗住眼前的诱惑与暂时的冲动。

19）自我调节（Self-regulation）：能够控制住自己的情绪、欲望、需求和冲动，直到适当的时机到来。而且知道什么是对的、什么是错的，并能依此行事。

美德六：精神卓越（Transcendence）

是信仰上的一种情感力量，它使个人可以感受到比自己要大、超越了自身的力量，从而将自身与更宏大、更永久的东西相连接。

20）欣赏美和卓越（Appreciation of Beauty and Excellence）：会去欣赏各个领域和情景中的美和卓越的事物。对美好的东西充满了敬畏与惊喜，不论是自然的还是人为的，不论是艺术的还是科学的，都会激荡起你的灵魂并使你奋发。

21）感恩（Gratitude）：会随时表达他们的谢意，能意识到并感激发生的好事。他们不会把好事当成理所应当，对生命的本身很珍惜、很感恩。

22）希望（Hope）：认为好事总会发生，对未来持有积极的观点，相信只要努力便会有好运。期待未来会更好，会为自己的目标做好计划并努力去实现。对未来有憧憬，对生活有目标。能够在此时此刻感到快乐，并能高兴地生活在现实环境中。

23）幽默（Humor）：喜欢笑和逗笑，富有幽默感。总是看到事情光明的一面，并能经常给别人带来欢笑。对他来说，为别人带来欢笑很重要。

24）信仰（Religiousness）：知道自己在大千世界中的明确位置，相信每个人、每件事都有更高、更深奥的意义。对人生有更高的目标和一致的信念，他们的信仰会塑造他们的行为，而信仰也是他们获得慰藉的源泉。

3.2.3　积极情绪的拓展—建构理论

芭芭拉·弗雷德里克森教授提出了关于积极情绪的拓展—建构理论，该理论的两大重要功能是拓展功能和建构功能，拓展功能是个体即时的知行范畴，包括拓展个体的意识、认知和实际行动的范围。积极情绪帮助个体在探索行动中获取知识，充满积极情绪的团队思维更灵活、更开放，能够想出更多好点子和解决问题的方法。积极情绪的建构功能帮助个体构建生理资源（动作技能、健康）、智力资源（知识、理论）、社会资源（友情、社会支持）和心理资源（心理韧性、乐观）。积极情绪让我们能够全身心地欣赏周围的美好。它降低了血压、减少了疼痛。我们不再总是感冒，睡得无比香甜。它给予我们从困难中恢复的力量，使我们更加坚韧和坚强。积极心理学之父马丁·塞利格曼称她是积极心理学领域的天才。她提出了积极情绪与消极情绪的最佳配比"洛萨达比例",芭芭拉及其同事马塞尔·洛萨达录下了 60 家公司开会时所有的对话,将每个句子根据积极或消极的词语进行编码,然后直接算出积极情绪与消极情绪的比例。他们发现其中存在一个明显的分界线比例:当积极情绪与消极情绪的比例大于 2.9∶1 时,公司就会蓬勃发展;低于这个比例,公司的业务就会出现滑坡状况。这就是神奇的洛萨达比例。约翰·戈特曼(John Gottman)用同样的方法统计了夫妇在一个周末里的谈话,发现如果积极情绪和消极情绪的比例低于 2.9∶1,就意味着这对夫妇快离婚了。要想获得紧密和充满爱的婚姻,两者的比例需要达到 5∶1。所以,不论是在公司还是在家庭,神奇的洛萨达比例都在发挥着作用,简单地说,与人交流,每说一句消极的话语,至少要说 3~5 句积极的话语才能达到促进相互关系的作用。芭芭拉还指出,缺失了消极情绪,人会变得轻狂、不踏实、不现实;缺失了积极情绪,人则会在痛苦中崩溃。她还给出了提高积极情绪的有效方法,如放慢你的脚步,细细品味生活中的美好,无论是一个微笑、一次触摸,还是一次拥抱。生活给了我们消极情绪,创造积极情绪是我们自己的事。如果你种下积极情绪的种子,你就会收获欣欣向荣。芭芭拉提出了很多新颖有趣的观点,如积极情绪的魔法:完全相同的温暖阳光、忙碌的清晨,一个我满是疲惫、懊恼、挫败和敌对,而另一个我则欢欣、体贴、高效并充满活力。积极情绪是结果,同时也是原因:我们并不是因为生活圆满、身体健康才感受到积极情绪的,恰恰相反,是由衷的积极情绪创造了圆满与健康。

芭芭拉列出了积极情绪的 10 种形式,按照人们所反馈的感受频率,从高到低依次为:喜悦、感激、宁静、兴趣、希望、自豪、逗趣、激励、敬畏、爱。

1)喜悦(Joy)。想象一下这种情况:你的周围是安全而熟悉的,一切都按照预定的方式发展，甚至比你期待的更好，目前的形势不要求你付出多大的努力。这些是引发喜悦的条件。喜悦的感觉既明亮又轻松，让周围的世界看起来更生动。你的脚步轻快，脸被微笑照亮，散发着内在的光芒。你会想要接纳一切，会觉得社会活动非常有趣，想参与进去。

2）感激（Gratitude）。感激打开你的心灵，并带来回报的冲动——做一些好事作为回报，无论是对帮助过你的人还是对其他人。感激是毫不吝惜地、充满创意地给予回馈，是一种交织着喜悦和由衷赞赏的真正的愉悦体验。真正的感激是由衷的和自发的。

3）宁静（Serenity）。如喜悦一样，宁静是在你的周围安全而熟悉、自身不需要付出太多努力的时候出现的。宁静让你想要坐下来、沉浸其中。这是一种聚精会神的状态，带着这样的一种冲动去品味当前的感觉，并设法将它更彻底、更频繁地融入生活。

4）兴趣（Interesting）。虽然你感到绝对安全，但一些新颖的或奇怪的事物吸引了你的注意，用一种带着可能性和神秘性的感觉将你填满。不同于喜悦和宁静，这种感觉需要你的努力和更多的关注。感兴趣的时候，你会感到心胸开阔和充满生机。你能够实实在在地感觉到，你的视野此时此刻正在扩大，而自身的可能性也正与它同行。兴趣的强烈牵引力召唤着你去探索，去接纳新的观点，去了解更多。

5）希望（Hope）。虽然大多数的积极情绪都是在你感到安全和满足的时候出现的，但是希望是一个例外。如果一切都已经在按照你希望的方式发展，那么你基本上就没有什么需要希望的了。希望的核心是相信事情能够好转的信念。无论目前它们是多么恶劣或多么不确定，事情都可能变得更好。希望支撑着你，让你免于在绝望中崩溃。它激励你发掘自己的能力和创造性来扭转局面，启发你为更美好的未来做规划。

6）自豪（Pride）。自豪是所谓的"自我意识情绪"中的一种。自豪紧随着成就而绽放。你投入了努力，并取得了成功。这些并不是任意的成就，而是在社会上被重视的那些。我们在深层次上感觉到自己的行为被他人重视，这使得自豪成为自我意识的情绪。实验证明，当人们感到自豪时，他们更有可能完成艰巨的任务。

7）逗趣（Amusement）。首先，逗趣是社会性的。虽然有时候我们也独自发笑，但那些笑只是笑声的苍白演奏。事实上，如同打呵欠一样，笑是具有高度感染力的。其次，逗趣只有发生在安全的情况下才会是有趣的，而不是在危险或具有威胁的情境中。由衷的逗趣带来抑制不住的冲动，使你想要发笑并与他人分享你的快乐。分享的笑声表明，你发现目前是安全和轻松的，并且想要利用这个得天独厚的时机来与他人建立联系。

8）激励（Inspiration）。有时，你无意中发现了真正的卓越。目睹人性最好的一面能够启发和振奋你。激励能集中你的注意力，温暖你的心，并吸引你更加进入状态。激励不只是感觉很好，它让你想表达什么是好的，并亲自去做好事。它让你产生做到最好的冲动，让你可以达到更高的境界。激励被认为是"自我超越的情绪"中的一种，这是一种将我们从自我专注的"甲壳"中拉出来的积极情绪形式。

9）敬畏（Awe）。它与激励的关系密切，它在你大规模地邂逅善举时产生。你被伟大彻底征服了。相比之下，你感觉渺小和谦卑。敬畏令你停在自己的轨道上。你一时间动弹不得。界限逐渐消失，你感觉你是一个比自己更大的东西的一部分。在精神上，对于所遇事物的庞大规模，你面临着吸收和容纳它的挑战。敬畏也可能在情感上将我们与强有力的、具有超凡魅力的领导人物结合在一起，他们常常看起来如神祇一般。

10）爱（Love）。爱之所以被看作一件多彩的事物，是有道理的。它不是一种单一的积极情绪，而是上述所有，包括喜悦、感激、宁静、兴趣、希望、自豪、逗趣、激励和敬畏。将这些积极情绪转变为爱的，是它们的情境。当这些良好的感觉与一种安全且往往是亲密的关系相联系，扰动心灵时，我们称之为爱。这些时刻中的每一个都可以平等地被描述为爱的瞬间。因此，尽管爱是人们感觉最常见的积极情绪，但我却把它留到最后，让你可以更好地欣赏它的多个方面。以这种方式来看待爱，也能够提升你将爱看作暂时状态的能力。

3.2.4　福流理论

马斯洛在调查一批相当有成就的人士时，发现他们常常提到生命中曾有过的一种特殊经历——"感受到一种发自心灵深处的战栗、欣快、满足、超然的情绪体验"，由此获得的人性解放、心灵自由照亮了他们的一生。马斯洛把这种感受称之为巅峰体验（Peak Experience）。马斯洛早期的五阶段模型已经扩大为八阶段模型，包括认知和审美需求和后来的超越需求。1975年，美国著名心理学家米哈里·契克森米哈赖发表了他历经15年的研究成果。从1960年开始，他追踪观察了一些特别成功的人士，包括科学家、企业家、政治家、艺术家、运动员、钢琴师、国际象棋大师，等等。结果发现，这些人经常谈到他们一个共同的体验，即"在从事自己喜欢的工作时，他们全神贯注的忘我状态，时常让他们遗忘了当前时间的流逝和周遭环境的变化"。原来，这些成功人士在做事情的时候完全出自他们内在的兴趣，乐趣来自活动本身，而不是任何外在的诱因（如报酬、奖励、欣赏等）。这种经由全神贯注所产生的极乐的心理体验，米哈里称之为"Flow"，并认为这是一种最佳的体验。"Flow"在国内常见的翻译是"心流"，中国积极心理学的发起人彭凯平教授将"Flow"翻译为"福流"。本书采用"福流"的翻译。彭凯平在《吾心可鉴：澎湃的福流》一书中指出：生活处处有福流，一本好的书籍，一首好的诗词、好听的音乐，都能够让我们进入福流的状态。所谓极致的幸福状态，就是我们的身体与心灵完美交融的福流体验。这种状态并不遥远，它就存在于我们的生活之中。只要我们对任何事情有浓厚的兴趣并专注而沉浸其中，对周围的一切浑然不知，我们就能真切地感受身体与心灵完美融合的极致幸福的状态。福流的状态有什么特点呢？米哈里在 1975 年出版的《心流：最优体验心理学》一书中谈到了福流的六种心理体验特征。

1）全神贯注：注意力高度集中，完全沉浸在自己所从事的工作之中，忽视了所有外在的影响。

2）知行合一：行动和意识完美结合，已经变成了一种自动化的、不需要意识控制的动作，有一种行云流水般的流畅感。

3）物我两忘：自我的意识暂时消失，此身不知在何处。

4）时间飞逝：有强烈的时间扭曲感，不知不觉中，百年犹如一瞬间。

5）驾轻就熟：对自己的行动有一种完美的掌控感，不担心失败，不担心结果，充分体验行动的过程，感受到自己每一个动作精确的反馈。

6）陶醉其中：一种超越日常现实生活，发自内心的积极、快乐和主动，不需要外在奖励就能体验到行动的快乐，完成之后有一种酣畅淋漓的快感。

1995 年，米哈里教授对福流体验又增加了三个重要的条件。

1）清晰的目标：当我们知道自己需要达到什么目标、得到什么结果的时候，意识到我们能够达到这样的一种目标和结果，很容易让我们产生福流感受。

2）及时的反馈：我们所做的事情能够对我们产生及时准确的反馈，那它就能够让我们沉浸其中、物我两忘。有意义的、积极的反馈激发我们从事这个行动的强烈的动机。

3）技能和挑战的完美匹配：当我们所面临的挑战特别困难的时

候，我们其实很容易产生挫折的感受。当我们的挑战特别容易的时候，我们就会产生一种单调厌倦的感觉。只有在挑战和技能处于一个相对完美的匹配状态的时候——往往是我们的挑战比技能稍微大一点的时候，我们才容易投入其中并进入极致的福流状态。

3.3 有效的积极心理干预方法

3.3.1 积极心理干预的历史

在第二次世界大战前，心理学的主要目的是治疗精神疾病、使人生活更成功和满足、培养高素质的人才。第二次世界大战后，政治和经济上的需求导致精神病理学的评估和治疗成为心理学关注的焦点。然而，很多人本主义的心理学家开始倡导积极的心理治疗方法，他们试图通过描述美好的生活，并从人们内心的追求美好的愿望中找出能够促进这种美好生活实现的方式，例如，马斯洛指出："心理学在消极方面比在积极方面成功得多。它向我们揭示了人类的许多缺点、疾病、罪恶，却很少揭示其潜力、美德、可实现的抱负或其心理高度。这就好像心理学自愿地把自己限制在它应有的一半范围内，而且那一半还是更黑暗、更刻薄的。"20世纪50年代，积极心理健康的概念开始出现，并逐步转化为一些积极的干预措施，并在大学生人群中进行了测试。幸福感疗法将认知行为疗法与幸福感元素相结合，是一种治疗情感和焦虑障碍的有效方法。生活质量疗法将认知疗法与积极心理学思想结合，证明对抑郁症治疗有效。然而，与大多数以缺陷为导向的治疗方法相比，积极心理的干预措施很少见，心理治疗师学到的关于伤害、缺陷和功能障碍的知识，远远超过关于美好生活的知识。

3.3.2　积极心理干预的 15 个方法

积极心理治疗是一种基于积极心理学原理的治疗方法，即积极心理治疗是积极心理学的临床和治疗工作。积极心理治疗主要基于两大理论：马丁·塞利格曼的以幸福概念化为基础的 PERMA 理论，克里斯托弗·彼得森和马丁·塞利格曼等联合创立的 6 大美德和 24 项品格优势理论。

马丁·塞利格曼开发的积极心理治疗由 15 个具体实践练习组成，这些练习通过实证验证组成积极心理学干预，每个练习可以单独进行，也可以选择其中 2~3 个练习组合进行。积极心理学干预通常在网上发布，是相对简单的提高幸福感的策略。马丁·塞利格曼等通过实验验证了 3 个积极心理学干预：每日 3 件好事；通过新的方式发挥突出品格优势；感恩拜访。这 3 个积极心理学实践方法也是最被人所知和应用最广的方法。很多独立的研究方向也重复证实了这 3 个积极心理学干预的有效性。经过实证验证，这些练习被组织成一个有凝聚力的方法，即积极心理治疗。积极心理治疗可以使人学会在面对心理压力时保持正常表现，它能挑战和改变传统心理疗法的重要原因是，好的生活是心理治疗的最终目标，但是无法通过传统的缺陷导向的框架来完全实现。抑郁、焦虑和愤怒往往是由可遗传的个性特征造成的，这些个性特征可以改善，但是不能消除。所有负面情绪和负面人格特征都有很强的生物学限制，期望心理治疗能克服这些限制是不现实的。心理治疗需要开发干预措施，教人们在出现症状时利用自己的优势更好地发挥作用。我们相信积极心理治疗可以帮助人们更好地工作，并可能突破大多数障碍。

积极心理干预方法不仅是积极心理治疗的核心工具，也是积极心理团体辅导和咨询很有效的实践方法，在积极心理团体工作方案设计阶段可以根据不同的团体目标设定在团体过程当中。马丁·塞利格曼开发的积极心理治疗由 15 个具体实践练习组成，这些练习通过实证验证组成积极心理学干预，这些练习介绍如下。

1）积极介绍：通过回忆、反思写出一页积极介绍，分享一个有开头、中间和积极结尾的故事，要尽可能具体，以展现自己最好的一面。

2）每日 3 件好事（也叫感恩日志）：开始每天写些日记，每天晚上记录今天发生的 3 件好的事情，无论大小，并写下这些事情发生的原因。通过记录积极的经历和欣赏感恩对幸福的影响来培养感恩之心。

3）识别品格优势和不断强化品格优势：通过多个来源收集信息，包括自我报告、在线测试、家庭成员和朋友，编制自己的突出优势档案。品格优势和突出品格优势都是积极的特质，可以通过实践发展促进个人健康成长。应用 4 种实用的智慧策略（特异性、关联性、冲突、反思与校准）来处理 3 个具体的情境。这些技巧教会人们如何恰当地以一种平衡的方式运用突出品格优势来解决问题。

4）更好的自己：写一份自我发展计划，名字为"一个好的我"，通过具体的、可衡量的和可实现的目标，更合适地利用自己的优势。

5）积极评价：回忆、书写和处理记忆，学习处理积极或消极记忆的技巧。在练习放松后，写下痛苦的记忆，并探索用 4 种方法来更合适地处理它们。

6）宽恕：宽恕是一个改变的过程，而不是一个事件，这个环节要解释什么是宽恕、什么不是宽恕。学习宽恕五步法的过程，写一封宽恕信，但并不一定寄出。

7）趋向满足：探索哪些是自己最大化或满足的生活领域，并起草一份提高满意度的计划。最大化是指做出最好的可能选择，满足是指做出足够好的选择。

8）感恩：感谢信和感恩拜访是两种有效的方法。写感谢信是指反思并给那些在需要时帮助过本人但是没有得到适当感谢的人写一封感谢信。感恩拜访是指邀请自己写感谢信的对象进行一对一的会面，在没有事先解释的情况下当面朗读信函。

9）绝望与希望：反思并写出 3 件绝望的事和 3 件有希望的事。学会看到最可能的、现实的结果。要认识到挑战是暂时的，要学会如何培养希望。

10）表达性写作：将烦恼和创伤的经历写在纸上，确保这篇文章只有本人可以看到，并放在一个安全的地方。当本人发展出健康的应对技巧，不再被当前的压力压倒时，练习就完成了。

11）缓慢和享受：选择一种慢速的技巧和一种适合自己的个性和生活环境的享受技巧。学习如何有意识地放慢节奏，培养一种享受的意识。通过这样做，学会专注于积极的一面。

12）积极关系树：和所爱的人一起评估优点，每个人都把它们写在纸上的一棵大树上。与爱人讨论通过赞美彼此的优点来丰富关系的方法。学会认识到自己所爱之人的优点的重要性。

13）积极的建设性回应：探索他人的优点，并实践积极的建设性回应。了解 4 种好消息的回应方式，以及哪一种可以预测关系满意度。

14）时间礼物：计划花时间利用自己的突出品格优势送出一份礼物。学习利他行为是如何帮助自己和他人的。

15）积极遗产：写下自己希望被如何记住，特别是在自己曾留下积极足迹的方面。为更大的利益寻找和追求有意义的努力。

3.3.3　员工帮助计划与积极心理学的结合发展

1. 员工帮助计划

最近几年，心理健康（Mental Health）管理逐渐成为企业的环境、健康与安全（EHS）管理中健康管理（Health Management）的重要职能之一。企业健康管理一般包括：确定并实施健康管理计划，开展与健康相关的识别和评估、了解员工工作健康状况、健康和幸福的意识及流行病的防范与规范等内容。在过去几十年内，企业的健康管理一般侧重于法律底线的要求，如职业健康方面的法律要求，职业病的预防和应对。这一点从目前应用广泛的国际标准 ISO 45001：2018《职业健康安全管理体系要求及使用指南》的目的中可以明确看出。这个职业健康安全（OH&S）管理体系给出了其使用指南，以使组织能够通过防止与工作相关的伤害和健康损害以及主动改进其职业健康安全绩效来提供安全和健康的工作场所。但是这种趋势正在慢慢地转变到更多的关心和关爱员工的心理健康等方面，特别是 2019 年年底的全球新冠疫情给全世界的企业的健康管理带来了前所未有的挑战。可以预见，未来更加关注员工的心理健康和提供适当的解决方案是企业必须正视和采取行动的重要举措。目前员工帮助计划（Employee Assistance Program，EAP）是企业常用的一个心理健康管理措施之一，这是一项由雇主为员工及其直系亲属提供的福利计划，国际员工帮助专业协会（Employee Assistance Professionals Association，EAPA）对EAP 的定义如下：应用行为及行为健康知识做出准确评估，并采取适当的行动以改进生产力以及工作场所的健康状况。EAP 通过专业人员对组织的诊断、建议和对员工提供专业指导、培训和咨询，旨在帮助员工解决各种心理和行为问题，提高员工在企业中的工作绩效。在全球财富 500 强企业中，很多企业目前都开展了各具特色的 EAP 项目。EAP 服务内容包括压力管理、职业心理健康、裁员心理危机、灾难性事件、职业生涯发展、健康生活方式、家庭问题、情感问题、法律纠纷、理财问题、饮食习惯、减肥等各个方面，全面帮助员工解决个人问题。

员工帮助计划起源于 20 世纪 30 年代的美国，当时主要针对员工酗酒问题，建立了职业酒精依赖计划（Occupational Alcoholism Program，OAP），这是 EAP 的雏形。到了 20 世纪 70 年代，随着社会问题的多样化，EAP 的服务范围逐渐扩大，涵盖了家庭问题、压力管理、心理健康等多个领域，并受到广泛认可，成为企业福利的重要组成部分。随着 EAP 的不断发展，其内容进一步丰富，包括法律咨询、财务咨询等生活咨询服务，并引入欧洲及其他地区。1971 年，国际员工帮助专业协会成立，EAP 发展成一种综合性的全球性服务。进入 21 世纪，EAP 在应对全球化、多元化的工作环境挑战中持续创新，采用电话和在线服务，引入智能推荐系统、虚拟现实疗法等先进技术，为员工提供更精准的帮助。

　　EAP 的实施过程是企业可根据自身情况和员工需求，选择合适的服务提供商，制订详细的服务计划，并通过内部宣传和外部推广提高员工的参与度。EAP 实施的具体过程（见图 3-3）通常包括需求调研、方案制定、宣传推广、服务提供和效果评估。需求调研是指通过问卷调查、访谈等方式了解员工的具体需求和问题；方案制定是指根据调研结果，制定个性化的 EAP 服务方案，明确服务的内容、形式和目标；宣传推广是指通过内部宣传、微信公众号、企业文化建设等多种方式，向员工介绍 EAP 服务的内容和优势，增强员工的认知和信任；服务提供是指为员工提供心理咨询、职业规划、法律咨询等多元化服务，确保服务质量和效果；效果评估是指定期对服务进行评估和反馈，了解员工满意度和改进建议，不断优化服务内容和流程。这些步骤共同构成了 EAP 实施案例的具体实施过程，旨在帮助员工解决心理和行为问题，提升工作绩效和生活质量。通过实施 EAP，不仅有助于提升员工的心理健康水平和工作效率，还能增强企业的凝聚力和竞争力，促进企业的可持续发展。

图 3-3　EAP 实施的过程图

2．员工帮助计划与积极心理干预

近年来，伴随积极心理学的发展，EAP 开始关注员工的幸福发展需求，强调将压力转化为幸福，提升员工的幸福感和工作绩效，这一过程反映了 EAP 从解决员工的负面心理问题到全方位关注员工福祉的转变，以及随着社会变迁和企业对员工关怀的深化而不断发展的趋势。这种发展趋势体现在下面几个方面。第一，心理健康支持增强。EAP 通过引入积极心理学的理念和方法，为员工提供更全面的心理健康支持。不仅解决员工的心理问题，还注重培养员工的积极心态，增强其应对压力和挑战的能力。第二，预防与干预并重。EAP 与积极心理学的结合强调了预防与干预并重的重要性。通过积极心理学的引导，帮助员工建立积极的心理防御机制，减少心理问题的发生。同时，对已经出现的问题进行及时有效的干预。第三，企业文化全新塑造。积极心理学的融入有助于塑造积极向上的企业文化，增强员工的归属感和忠诚度。企业通过 EAP 和积极心理学的结合，可以营造一个更加和谐、健康的工作环境。第四，EAP 服务内容扩展。结合积极心理学，EAP 的服务内容得到了扩展，涵盖了幸福感提升、积极情绪培养、积极人格特质塑造等方面，这使得 EAP 更加关注员工的整体福祉和长期发展。综上所述，员工帮助计划与积极心理学的结合发展为员工提供了更加全面、深入的心理健康支持，促进了企业的和谐稳定和可持续发展。积极心理干预措施作为最直接有效的实施积极心理学的方法，可以有效地被应用在 EAP 实施的各个阶段。

3.4　积极组织行为学

3.4.1　积极组织行为学产生的背景

积极组织行为学（Positive Organizational Behaviors）概念的提出者弗雷德·卢桑斯曾坦言他的思想火花来自 1999 年参加的第一届积极心理学会峰会，会议结束后，卢桑斯决定将积极心理学的方法和概念引入组织行为学领域。积极心理学开始探究人的美德和品格优势，并将其作为全新的心理学研究视角。在此之前，心理学研究的注意力主要在确定和治疗心理问题及纠错方面。消极心理学在过去很长的一段时间内对人类的社会发展起了很大的贡献，如战后心理创伤人员的治疗。然而，人类谋求幸福的目标不能仅仅依靠研究消极心理问题而达到。积极组织行为学借鉴了积极心理学理论，将乐观、希望、主观幸福感等积极情绪纳入组织行为学的体系中，并借鉴了积极心理学的观察、实验与测量技术和方法。此外，积极组织行为学也借鉴了医学、健康、社会工作和教育等领域的概念和研究成果，同时跨越了多门学科。但是，积极心理学运动是触发积极组织行为学的缘起，是积极组织行为学的首要理论基础。

卢桑斯对积极组织行为学的定义为：对具有积极导向而且能够测量、开发和有效管理的，能实现提高绩效目标的人力资源优势和心理能力的研究和应用。积极组织行为学研究的主要任务不仅仅是管理人的缺点，而是在工作中发挥人的优势，由传统的关注人的消极特性方式转向关注积极特性的全新视角。为了避免将态度、人格、动机、领导等传统组织行为学领域的许多概念也归为积极组织行为学的研究范畴，卢桑斯设定了四项标准用于挑选研究的对象。第一，具有积极性；第二，必须有清晰的概念界定、丰富的理论基础并具备有效的测量方法；第三，有助于改善工作绩效，工作绩效的提升是积极组织行为学的最终目标和价值体现，员工的健康与快乐也应该是目标；第四，具备有效的开发方法，适合进行工作中的管理开发和员工训练。卢桑斯的积极组织行为学的定义将研究对象局限在个人层面，没有考虑群体和组织层面。本书认为，对于有积极导向和对传统组织行为学领域有创新的，能够被测量、开发和管理，从而有助于提高个人绩效、组织绩效目标的都属于积极组织行为。

3.4.2 心理资本

1．心理资本的定义

心理资本（Psychological Capital），简称 PsyCap，是卢桑斯定义的积极组织行为学中的核心概念，指个体在成长和发展过程中表现出来的一种积极心理状态，具体表现为：在面对富有挑战性的工作任务时，有信心（自我效能）承担并付出一定的努力来获得成功；对现在和将来的成功有积极的态度（乐观）；对既定目标锲而不舍，为取得成功在必要时能调整实现目标的途径（希望）；当身处逆境和被问题困扰时，能够持之以恒，迅速复原，甚至超越（韧性）已取得的成功。心理资本可以简单描述为：它超越了人力资本（你知道什么）和社会资本（你知道谁），关注的是现实自我（你是谁）和可能自我（你将打算成为谁）。人力资本、社会资本、心理资本可以统称为个人资本，图 3-4 展示了三者间的关系。

心理资本超越了人力资本，不只包括那些通过教育训练以及从工作经验中所形成的具体知识、技能和能力，同时，心理资本也不是管理人员和员工在社会化过程中获得的知识；心理资本超越了社会资本，它不只是一个对你而言有价值和存在某种关系的有影响力的关系群体的集合。心理资本的建立具有普遍认可的理论框架，如班杜拉的

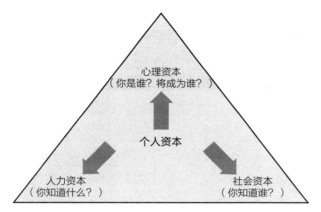

图 3-4　心理资本、人力资本和社会资本的关系图

社会认知理论和斯奈德的希望理论，它采用了科学的研究方法和演绎推理，以提高心理资本对组织中人力资源的开发和工作绩效的预测作用和影响力。心理资本能够影响与工作相关的绩效，研究表明，心理资本与工作场所中的绩效显著相关，无论是其组成部分（希望、自我效能、韧性、乐观），还是合并后的整体心理资本。因此，心理资本成为一种有意义的、合理的投资，同时也意味着它可以提升组织绩效，帮助组织维持竞争优势，这一点就使心理资本与其他积极心理能力区别开来。其他积极心理能力一般被当作目的本身，不具备提升个人和组织绩效的作用（见表 3-1）。

表 3-1　评价各种高潜力积极心理能力与心理资本匹配性

积极构念	基于理论	状态类的/可塑的	可测量的	与工作绩效有关	与其他工作结果有关	自主的	积极评价
效能	√	√	√	√	√	√	√
希望	√	√	√	√	√	√	√
乐观	√	√	√	√	√	√	√
韧性	√	√	√	√	√	√	√

（续）

积极构念	基于理论	状态类的/可塑的	可测量的	与工作绩效有关	与其他工作结果有关	自主的	积极评价
创造力	√	？	√	？	？	×	×
福流	√	√	√	√	√	√	√
心智觉知	√	√	√	？	√	？	×
感恩	√	√	？	？	√	√	√
宽恕	√	√	√	？	√	√	√

心理资本采取了严谨和相关的方法来理解积极的心理资源及其应用，严谨是指基于实证支持来评估和发展积极心理资本；相关是指促进其适用性，以加强个人和群体在生活和工作中的生存条件。被纳入心理资本的科学标准是：基于理论和研究；有测量方法；可以开发和可改变的；对绩效有积极影响的。积极心理学的希望、自我效能、韧性与乐观四个心理资源最符合这些标准，其英文首字母缩写刚好可以被形象地称为人的"内在英雄"（HERO）。下面分别解释一下每一种心理资本成分的理论框架和对绩效的影响。

自我效能也可称为自信心，主要基于班杜拉的社会认知理论提出。自我效能是指个体对自己在特定情境中能够激发动机、调动认知资源以及采取必要的行动来成功完成某一项特定工作时的信念或信心。高信心的个体对他们的能力充满自信，使他们可以选择具有挑战性的任务，投入充足的时间和精力来实现其目标，同时在面对障碍和沮丧时能够坚持不懈。研究表明，自我效能与工作绩效显著相关，而且自我效能在工作场所有很多途径可以有效地培养和提高。提高和培养自我效能的途径有替代学习、社会说服、生理心理唤醒等。替代学习也可称榜样模仿，这是一种广泛认可的培养自我效能的途径，这种方法特别适用于那些亲身体验的危险性很大或代价很昂贵的情境。替代学习利用个人的观察能力，通过观察相应的角色榜样在特定任务中的成功经验而进行学习，这种任务与未来管理者和员工所期待完成的任务是相似的。班杜拉指出，具有高自我效能的人有以下五个重要特征：他们会为自己设立较高的目标，并主动选择较为困难的任务；他们迎接挑战，并借助挑战壮大自己；他们善于自我激励；为了达成目标，他们会投入必要的努力；他们以坚韧不拔的精神面对挑战。具备这五种特征的人会积极主动地提升自我，高效地开展工作，哪怕长期得不到外部辅助资源，高自我效能的人不会被动等待他人为自己设立挑战性目标，相反，他们会为自己设定越来越高的目标。对于低自我效能的人，自我怀疑、怀疑主义、消极反馈、社会批评、障碍和挫折、反复失败可能造成极大的打击，但是对高自我效能的人几乎不会有什么影响。

根据积极心理学家斯奈德的理论研究，希望被定义为在成功的动因（指向目标的能量水平）与路径（实现目标的计划）相互作用的基础上所形成的一种积极的动机状态。希望的研究有两个重要方式，一是通过人们的能动意识或意志力，增强他们实现自己目标的决心；二是通过路径的开发，在个体面临障碍和封锁时能够主动设计实现目标的多种途径和应变计划。有效的目标设置是研究希望的重要方式，即设定的目标要具体、可测量和富有挑战性，同时要符合实际情况且能够完成。这样的目标可以帮助个体建立实现目标的能动意识，例如将总目标分解成分步前进的分目标，或选择具有挑战性又不至于使人绝望的弹性目标等。对于具有高希望值的人，他们通常有以下特点：他们有明确的目标；他们都有实现目标的决心，体现在意志力的强度，付出的精力以及对掌握命运的清晰认识上；即使他们遇见挫折，看似足以断送成功，他们依然能围绕问题找到开创性的替代路径，继续追求自己的目标。由于选择的替代路径有效，他们的热情会进一步得到激发，积极的能量可能会继续传播，由一个成功引向另一个成功，这就是希望的力量。

　　乐观是最常被谈论到却最少被理解的积极心理学资源。在日常生活中，一个乐观的人会预期未来有积极和令人满意的事件，而一个悲观的人则会经常有消极的想法，并且相信不好的事会发生。作为心理资本的一个关键要素，乐观不仅仅是预期好事会发生的一种性格倾向，还包括整体的积极预期，这些预期取决于个体用来解释过去、现在和将来为何会发生积极或消极事情的理由和归因。例如，你也许会花很多时间和精力去关注积极的事件，但如果你不用乐观的解释风格去理解这些事件，那么你就可能仍然是悲观的。塞利格曼的乐观理论是一种解释方式，它将积极事件归因于个人的、永久的、普遍的，将消极事件解释为外界的、暂时的、情境特定性的。另一方面，悲观的解释方式会将积极事件解释为外界的、暂时的、情境特定性的，将消极事件解释为个人的、永久的、普遍的。心理资本的乐观是一种反应性和适应性的乐观形式。在获得成功或失败之前，它会从积极事件和消极事件及其原因和后果中认真思考和学习。乐观的适应性在工作场所中非常重要。在现在的组织环境里，责任感和问责制已经必不可少，而同时，外部因素可能使个体的决策和行动不能完全控制，所以个人内心的乐观尤为重要。开发乐观的有效方法包括宽容过去、赏识现在、寻求未来的机遇。

　　根据临床心理学和积极心理学，心理资本的韧性被定义为一种积极的心理能力，它可以是个体从逆境、不确定性事件、冲突和失败中，甚至从积极变革、过程以及与日俱增的责任中快速回弹或恢复过来的一种能力。所以韧性并不仅仅意味着幸运的、无风险的生活，而是对稀缺资源进行有效的管理以期走向更幸福的生活，尽管风险和逆境依然存在。韧性在组织层面可以使组织具备必要的能力来消除压力，维持凝聚力，从挫折中复原，进而有效应对危机。韧性的开发策略有三种：关注韧性的策略；关注危害因素的策略；关注过程的策略。组织的资产包括组织层面的组织结构、财政和技术，也包括个人层面的人力资本、社会资本和心理资本，这种关注可以帮助减少各种危险因素和逆境的持续时间，比如建立了就业能力资产的员工在裁员和迅速变革的时代表现出更好的韧性。同时，关注这些资产对于那些需要避免不必要的可能危及他们的福祉的风险的组织及其成员来说是明智的。关注危害因素的策略主要是通过各种保护机制主动降低外在危害，韧性可以主动进行风险评估并利用各种资产资源将这些危害因素转化为其未来成长和发展的机遇。关注过程的策略强调危害因素和资产因素动态性的相互作用，有效地处理逆境和挫折可以促进个体从挫折中恢复甚至超越自身原有的绩效水平，获得意想不到的学习和成长。困难不可避免，但是有效地处理困难可能是发展韧性的重要途径。

心理资本的综合管理。虽然自我效能、希望、乐观、韧性满足了心理资本构成的要素标准，而且每一个要素也都证实了同组织的绩效结果变量有积极的相关，但是心理资本是一个更高层次的核心概念，也就是说，整体的心理资本相比于四个构成要素而言是预测工作绩效和工作满意度的一个更好的预测变量。

2．心理资本的干预和测量

积极组织行为学是为了提升今天工作场所的绩效，针对那些具有积极导向的、可测量的、可开发的、可有效管理的人力资源优势和心理能力所进行的研究及其应用。组织可以通过干预措施干预心理资本从而提高个体的工作绩效，对心理资本的干预过程如图 3-5 所示，很明显这也是典型的过程方法在积极组织行为学中的应用。干预的输入是开发维度，如目标途径设计、克服障碍、树立自我效能、体验成功、说服和激发等，过程是对心理资本各组成部分的干预措施，输出的结果是达到持续的绩效改变。对心理资本干预的过程绩效测量方法在下节描述。芭芭拉·弗雷德里克森 2001 年提出了积极情绪的拓展—建构理论：积极情绪能够拓展个体的瞬间思维和行动范围，进而建构持久的个人资本（智力资本、生理资本、心理资本和社会资本），从而给个体带来长期的适应性益处（见图 3-6）。

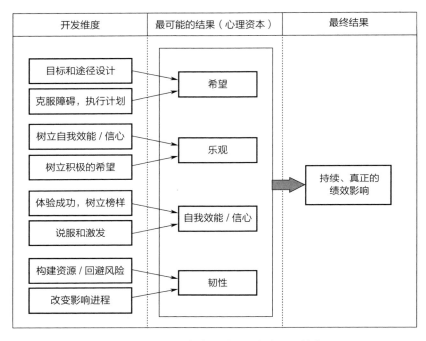

图 3-5　积极组织行为学的心理资本干预效应图

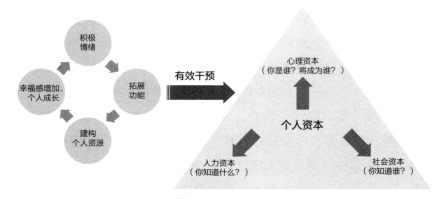

图 3-6　积极情绪拓展对心理资本的干预示意图

3．过程绩效与心理资本的测量

国际标准 ISO 9004: 2018《组织的质量　实现持续成功的指南》这样描述过程绩效：组织应根据其使命、愿景、战略、方针和目标，对所有级别、所有相关过程及职能在实现其策划结果方面的进展情况进行评价。组织应通过测量和分析过程监视这一进展情况，以便为绩效评价和有效决策收集和提供所需的信息。选择适宜的绩效指标和监视方法是组织进行有效测量和分析过程的关键。图 3-7 给出了绩效指标的使用步骤。

图 3-7　绩效指标的使用步骤

心理资本是积极组织行为学中的核心概念，心理资本采取了严谨和相关的方法来理解积极的心理资源及其应用，严谨是指基于实证支持来评估和发展积极心理资本；相关是指促进其适用性，以加强个人和群体在生活和工作中的生存条件。积极心理学的希望、自我效能、韧性、乐观这四个心理资源最符合心理资本的研究标准。心理资本的可测量性也体现了质量管理标准的过程绩效测量要求，这也是过程概念在各种类型的组织中可以广泛应用的神奇之处。目前最有效的测量工具是 24 条目的心理资本问卷（PCQ-24）、12 条目的心理资本问卷（PCQ-12），8 条目的内隐心理资本量表（I-PCQ）。问卷可以在 Mind Garden 官网上获取。

3.5　团体辅导提升心理资本的实证研究案例

3.5.1　团体辅导对提升心理资本的实证研究案例

在方芳等人的"中山医院基于心理资本干预模型的团体辅导在肿瘤科护士中的实施效果"研究中，2020 年 6 月至 2021 年 2 月选取医院肿瘤相关科室工作的 104 名护士为研究对象，将其分为对照组（共52 人）和观察组（共 52 人）。对照组实施常规管理，观察组护士在此基础上开展每月 1 次、共 6 次的团体辅导，团体辅导的主题基于心理资本干预模型制定并实施，干预后观察组护士心理资本及护理能力得分较干预前显著提升，干预 3 个月后较干预后即刻观察组护士的心理资本及护理能力得分得到有效保持。研究结果表明，基于心理资本干预模型的团体辅导可提高肿瘤相关科室护士的心理资本水平和护理能力，有助于促进护士职业生涯的良性发展。

姬彦红的"团体辅导提高幼儿教师心理资本水平的实验研究"，探讨了团体心理辅导对提高幼儿教师心理资本水平的有效性及可行性，采用实验组、对照组前后测的实验设计，以心理资本问卷作为评估工具，采用团体辅导的形式对 40 名幼儿教师进行干预。研究结果表明，团体辅导后，实验组被试的前后测差异显著，心理资本总分和四个维度的得分显著提高，团体辅导能有效提升幼儿教师的心理资本水平。

程族桁的"积极心理取向的团体辅导对贫困大学生积极心理资本和主观幸福感的干预研究"选取广西某大学 46 名贫困大学生，采用随机数字法分为干预组（23 名）和对照组（23 名），对干预组进行10 次积极心理干预，对照组保持常态，在干预前、后及 3 个月后采用积极心理资本问卷、主观幸福感量表进行测量。重复测方差分析表明，实验组贫困大学生积极心理资本的韧性、乐观维度的时间效应和组别效应均存在交互作用，总体主观幸福感、生活满意度、正性情绪和负性情绪维度的时间效应与组别效应均存在交互作用，由此得出结论，积极心理取向的团体辅导可以有效增加贫困大学生的积极心理资本和主观幸福感。

张硕等的"儒家心理情景剧提升大学贫困新生心理资本的效果研究"，采用实验组、对照组前后测对比实验，对实验组进行儒家心理情景剧的团体心理辅导干预，对照组在实验期间不接受任何干预，均使用积极心理资本问卷进行评估，将学校因素作为控制变量，两所高校贫困新生在经过儒家心理情景剧的干预后心理资本的变化量均达到显著水平，两所高校之间的差异不显著，研究结论为儒家心理情景剧能够有效提升大学贫困新生的心理资本水平。

虞悦的研究"大学生心理资本提升新途径：积极取向团体辅导"，探讨以积极心理学与团体动力学为理论基础的团体辅导对提升大学生心理资本水平的作用，该研究以在校大学生为研究对象，采用准实验设计方法，将被试随机分为实验组、对照组，对实验组进行六次团体辅导干预，对照组不做任何干预。在干预前、干预后及干预后两个月分别对所有被试进行前测、后测及追踪测试。结果发现，在接受团体辅导干预后，实验组成员的心理资本水平有显著提升，且提升效果在两个月后保持稳定，而对照组无显著变化。本研究的结果表明，积极取向团体辅导对大学生心理资本水平的提升有着较好作用，且效果具有一定的持续性。

孙奕的"大学生心理资本水平提升的纵向研究：课堂教学与团体辅导的作用"，以广东省某高职院校的 4 个自然班共 222 名大学生为研究对象，采用准实验设计，从课堂教学与团体辅导两方面进行研究：一是验证课堂教学和团体辅导能否有效提高被试的心理资本；二是检验这两种教育干预手段在提高被试心理资本方面的效果是否存在显著差异。研究结果显示：课堂教学和团体辅导两种方法对大学生心理资本水平的提高都有显著效果；课堂教学与团体辅导对大学生心理资本的干预效果两者之间则没有显著的差异。

以上对积极心理团体辅导各种不同的方案设计和实施结果的探讨，以及对不同类的团体进行的积极心理团体辅导的干预，如医院护士、幼儿教师、大学生、贫困大学生、大学新生等，得出的基本结论是积极心理团体辅导能够显著提升团体的心理资本，从而对构建积极组织行为有促进作用。

3.5.2 积极心理团体辅导对提升幸福感和积极情绪的实证案例

积极心理团体辅导提升某企业团队幸福感和积极情绪实证研究的详细内容将在第 5 章展示。这个研究案例依据积极心理团体辅导理论，对某企业在中国的安全健康管理团队进行积极心理团体辅导，并进行积极干预和实践，以提高团队整体的幸福感和积极情绪，提高应对压力和困难的能力。同时选取对照组，没有进行干预。在积极心理团体辅导过程用生活满意度量表、积极情绪和消极情绪标准量表进行3 次测量——前测、后测和 3 个月后的追踪测量。研究结果表明：幸福感在前测、后测、3 个月后追踪测三个时间节点存在显著差异。对团队成员进行结构化的积极心理团体辅导，同时进行提高积极情绪的实践练习，对于提高团队的幸福感、提高积极情绪、抑制消极情绪有明显作用。3 个月后的追踪测量结果显示，积极心理团体辅导的成效能够在一段时间内得到有效维持。利用积极心理团体辅导提高员工幸福感和积极情绪是促进企业的积极组织行为的有效方式，这对于组织和员工双方而言是一个双赢的结果。利用积极心理团体辅导提高员工幸福感和积极情绪的实证研究为干预心理资本实证研究提供了一个良好的范本，作为积极心理学重要性格特性的心理资本也可以按照类似的积极心理团体辅导过程进行干预和提高。

3.6 基于过程方法构建积极组织行为的模式

上述实证研究的案例表明：应用积极心理团体辅导提高团体的心理资本、幸福感和积极情绪等积极心理能力是促进积极组织行为的有效方式，这对于组织和员工双方而言是一个双赢的结果。图 3-8 展示了积极组织行为构建的底线标准和最佳实践模式，其中举例展示了积极心理团体辅导可作用于积极组织行为的要素，必须注意到构建积极组织行为涵盖很多方面，例如法律法规、管理体系国际标准系列、组织行为准则、组织文化、包容与多元化、员工福利、员工帮助计划、客户与员工满意、积极心理团体辅导、企业幸福体系、企业 ESG 管理、联合国可持续发展目标、GRI 指南等。这些要求分为底线标准（Baselines）和最佳实践（Best Practices）两个层次：底线标准为组织行为应该达到的基本底线准则行为，如法律法规、管理体系国际标准系列、商业行为规范、员工守则等；最佳实践是组织需要努力达到的标杆行为，如组织文化、包容与多元化、员工福利、员工帮助计划、客户与员工满意、积极心理团体辅导、企业幸福体系、企业 ESG 管理、联合国可持续发展目标、GRI 指南等。

积极心理团体辅导是促进积极组织行为的最佳实践层次要求的重要因素之一，它可能要应用的实践要素包括个体行为（员工态度、员工行为、员工激励、员工满意等）、群体行为（团队建设、团队沟通、团队冲突等）和组织系统（组织价值观、组织文化等）（见图 3-8）。根据组织实践的实际状况，积极心理团体辅导可能影响的要素更多。因此本书提出一种基于积极心理团体辅导构建积极组织行为的过程方法模型（见图 3-9），过程模型分为两个层次：主层次的过

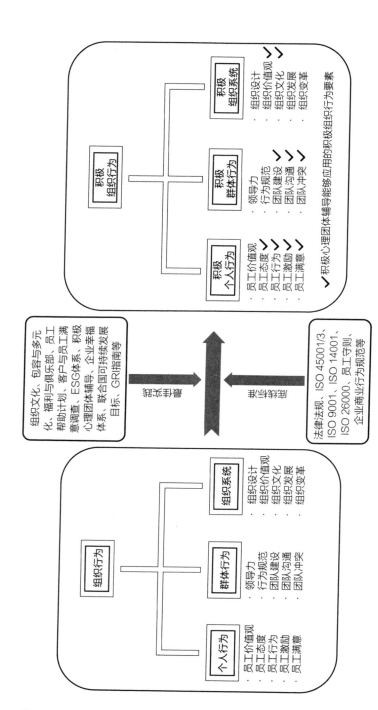

图 3-8 积极组织行为构建的底线标准和最佳实践模式

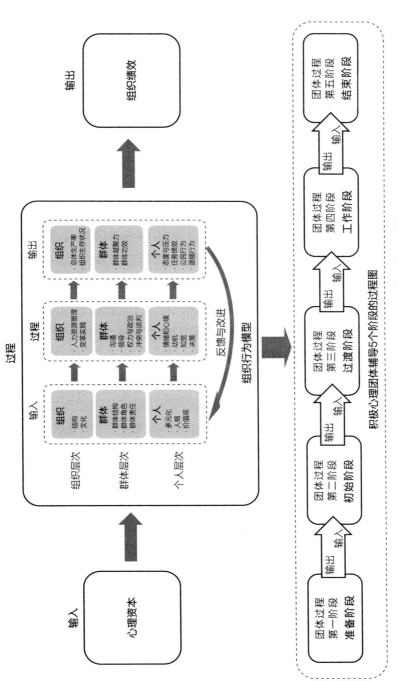

图 3-9　基于积极心理团体辅导构建积极组织行为的模型

程输入是心理资本（希望、自我效能、韧性、乐观），过程是传统组织行为的三层次过程模型（个人、群体、组织），输出结果是组织绩效；次层次是由过程是传统组织行为的三层次模型分出的应用积极心理团体辅导有效提升心理资本，从而将组织行为改造为积极组织行为。

3.7 构建积极组织行为与构建企业幸福体系的关系

通过前面章节的探讨，我们知道了积极心理团体辅导是积极心理学与团体辅导理论结合发展的必然结果，也是过程方法的具体体现。积极心理团体辅导是干预心理资本可操作的有效方法，从而促进积极组织行为的形成，达成提高组织绩效的目标。本书的后面章节将探讨企业幸福体系的构建，那么到目前为止讨论的积极组织行为是否已达到"幸福企业"的标准呢？"幸福企业"是一个模糊表达的概念，所以表述时用了引号，有关"幸福企业"与企业幸福体系的差异，将在第 4 章描述。

按照过程方法的观点分析，积极组织行为以输出组织绩效为目标，"幸福企业"如果仅仅用卢桑斯关于积极组织行为学定义的组织绩效目标来衡量，很明显是远远不够的。积极组织行为的输入心理资本包含了四个积极心理能力（希望、自我效能、韧性，乐观）。积极组织行为构建过程中的输入和输出对于"幸福企业"的构建来说是不足够的，以下一章提到的企业幸福体系标准 T/CCAAS 002—2019《企业幸福指数评价标准》为参照，标准中用于评估企业幸福指数的维度指标由工作环境、成长环境、人际环境、领导方式、组织环境、生活愉悦、心理资本 7 个一级指标和 38 个二级指标组成，所以仅仅靠组织绩效一个维度不足以支撑起"幸福企业"的大厦。同时，积极心理能力的要

素也不仅是心理资本的希望、自我效能、韧性、乐观，还应包括积极
组织行为学在选择心理资本的过程中评价过的其他高潜力积极心理能
力，如创造力、福流、心智觉知、感恩、宽恕、情绪智力、灵性、真
实性和勇气等。这些高潜力的积极心理能力虽然没有被按照心理资
本的标准选入，但是对于提升组织绩效和构建企业幸福体系都是有意
义的。

第 1 章中的图 1-7 展示了构建积极组织行为和企业幸福体系的路
线图，在图最上层构建企业幸福体系的阶段，积极心理团体辅导不仅
能够在积极组织行为阶段通过提升心理资本的方式帮助组织提升组织
绩效，它还能更广泛地应用于提高除心理资本之外的其他高潜力的积
极心理能力，如创造力、福流、心智觉知、感恩、宽恕、情绪智力、
灵性、真实性和勇气等。在构建企业幸福体系大厦的途径上，基于过
程方法的积极心理团体辅导从大厦的底层一直贯穿到顶层，成为构建
幸福体系的桥梁和纽带，这也印证支持了第 2 章结论中增加"过程"
元素将其他 5 个元素汇聚在一起形成通向幸福 2.0 的通途的 PERMAP
模型。积极心理团体辅导就是这个过程 "P" 的一种具体体现。

本章要点

1. 组织行为学模型是典型的过程方法模型。组织行为学在三个
层次（个人层次、群体层次、组织层次）上都应用了过程的
概念。输入是指诸如人格、群体结构、组织文化等引起过程
的变量。过程是个人、群体和组织参与的活动（动机、情绪、
沟通、领导、冲突、人力资源、变革等），由输入引起，最终
带来一定的输出。积极组织行为学是对具有积极导向而且能
够测量、开发和有效管理的，能实现提高绩效目标的人力资
源优势和心理能力的研究和应用。

2. 积极心理干预方法不仅是积极心理治疗的核心工具，也是积极心理团体辅导和咨询很有效的实践方法，在积极心理团体工作方案设计阶段辅助辅导单元。积极心理干预方法可以根据不同的团体目标设定在团体过程当中。应用积极心理团体辅导提高团体的心理资本、幸福感和积极情绪等积极心理能力是促进积极组织行为的有效方式，这对于组织和员工双方而言是一个双赢的结果。

3. 积极组织行为的底线标准和最佳实践模式中展示了积极心理团体辅导可作用的要素，提出基于积极心理团体辅导构建积极组织行为的过程方法模型。过程模型分为两个层次：主层次的过程输入是心理资本（希望、自我效能、韧性、乐观），过程是传统组织行为的三层次过程模型（个人、群体、组织），输出结果是组织绩效；次层次是由过程是传统组织行为的三层次模型分出的应用积极心理团体辅导有效提升心理资本，从而将组织行为改造为积极组织行为。

第 4 章

积极心理学构建企业幸福体系的途径

"人们必须拥有跨科学的心态，才能高效而成熟地生活。但如果你对一种知识死记硬背，以便能在考试中取得好成绩，这种知识对你们不会有太大的帮助。你们必须掌握许多知识，让它们在你们的头脑中形成一个思维框架，在随后的日子里能自动地运用它们。"

——查理·芒格

4.1 构建企业幸福体系的渐进模式

图 3-8 展示了积极组织行为构建的底线标准和最佳实践模式。构建积极组织行为涵盖很多方面，例如法律法规、管理体系国际标准系列、组织行为准则、组织文化、包容与多元化、员工福利、员工帮助计划、客户与员工满意、积极心理团体辅导、企业幸福体系、企业 ESG 管理，等等。这些要求分为底线标准和最佳实践两个层次：底线标准为组织行为应该达到的基本底线准则行为，如法律法规、管理体系国际标准系列、商业行为规范，员工守则等；最佳实践是组织需要努力达到的标杆行为表现，如组织文化、包容与多元化、员工福利、员工帮助计划、客户与员工满意、积极心理团体辅导、企业幸福体系、企业 ESG 管理、联合国可持续发展目标、GRI 指南等。构建企业幸福体系与构建积极组织行为一样，存在一个底线标准和最佳实践的模式，图 4-1 展示了构建企业幸福体系的底线标准和最佳实践模式。底线标准列举了目前广泛应用的管理体系标准系列，如 ISO 9001《质量管理体系标准》、ISO 14001《环境管理体系标准》、ISO 45001《职业健康安全管理体系标准》、ISO 26000《社会责任管理体系标准》、ISO 45003《职业健康安全管理——工作中心理健康与安全管理——管理心理风险指南》、GB/T 39604《社会责任管理体系　要求及使用指南》等，这些标准奠定了组织健康运营的基底。

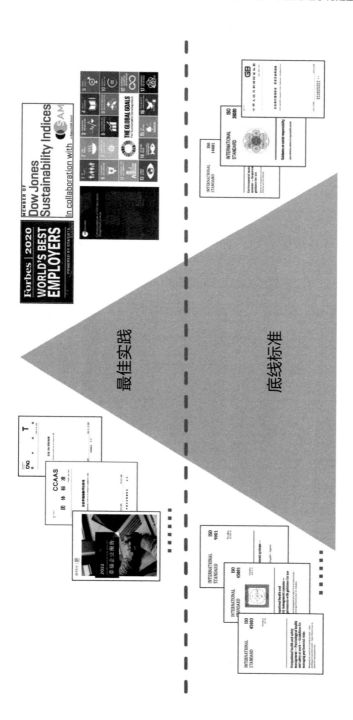

图 4-1　构建企业幸福体系的底线标准和最佳实践模式

最佳实践是组织追求卓越表现和基业长青的途径，如：联合国可持续发展目标（SDGs）、全球报告倡议组织（Global Reporting Initiative，GRI）发布的《可持续发展报告指南》、《企业 ESG 评价指南》、《企业幸福指数评价标准》、清华大学与 FESCO 联合发布的《幸福企业报告》、福布斯全球最佳雇主排行榜、道琼斯可持续发展指数全球排名等。

幸福企业没有确切的衡量标准，但是企业幸福体系却是可以衡量的，比较成熟的管理体系认证就是评估某一体系是否满足标准要求的方式，管理体系认证如 ISO 9001、ISO 14001、ISO 45001、ISO 45003、GB/T 39604 等。现场认证通过并获得证书就表明其满足了管理体系标准的要求。管理体系认证提供了企业满足底线标准要求的评价方法，并提供"通过"（Pass）和"不通过"（Fail）两种认证结果。国际管理体系的底线标准可以类比于心理咨询师行业的伦理规范。从事心理咨询师这一职业必须学习和遵守伦理规范，心理咨询行业伦理规范对职业心理咨询师资格具有一票否决权。同样的道理，要想构建企业幸福体系，不仅仅要有追求企业幸福的崇高目标，更需要打好底线标准的基础，也只有通过踏踏实实的努力，按照国际通行的管理体系标准建立基础的管理规范，在这些管理体系标准的坚实基础上才能构建起可持续发展的企业幸福管理体系。国际管理体系的底线标准是企业追求卓越业绩的基本要求，在过去近五十年，国际管理体系标准在全世界得到广泛应用并取得巨大成功，这是国际标准化组织颁布的 ISO 标准中应用最成功的案例。

同时，管理体系的成熟度评价方法也提供了企业满足最佳实践标准要求的评价方法，例如在国际标准 ISO 9004《组织的质量　实现持续成功指南》中，成熟度评价的结果不是"通过"或"不通过"，而是循序渐进的，该标准给出了组织自我评价的成熟度等级模型，如图 4-2 所示。成熟度等级的评价涵盖了组织的所有关键要素，如有关相关方，外部和内部因素，组织的使命、愿景、价值观和文化，领导作用，方针和战略，目标，沟通，过程管理（确定、职责和权限、管理），资源管理，人员，组织的知识，技术，基础设施和工作环境，外部提供的资源，自然资源，组织绩效的分析和评价，内部审核，自我评价，评审，改进学习和创新。每一个关键要素的不同等级都确定了相应的评价准则。表 4-1 展示了两种标准的评价方式和评价准则的区别，这里值得注意的是，最佳实践的成熟度等级不仅仅是等级 1 至等级 5，可能是其他不同的对等级的表达方式，例如十分制、百分制等，都可以当作成熟度等级的评价方式。

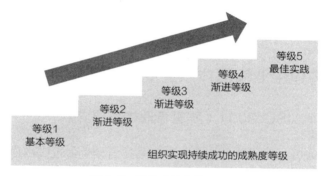

图 4-2　组织成熟度等级模型

表 4-1　底线标准与最佳实践的渐进模式与评价体系

渐进模式	评价体系	
	评价方式	评价准则
底线标准	"通过"或"不通过"	ISO 9001、ISO 14001、ISO 45001、ISO 45003、ISO 50001、ISO 27001 等
最佳实践	成熟度等级	ISO 9004、《企业 ESG 评价指南》、《企业幸福指数评价标准》、幸福企业排行榜、最佳雇主排行榜、联合国可持续发展目标、GRI 指南等

中国的 T/CCAAS 002—2019《企业幸福指数评价标准》就是通过企业幸福指数评估来测评企业幸福体系的一个标准。企业建立了幸福体系并得到一定等级的评价后，是否就能对外声称本企业是幸福企业呢？其实，两者之间不能画等号。但是，不同的企业建立了企业幸福体系并按照同一标准要求经过客观评估后，将评估结果作为行业之间的评比是可行的。

对于幸福企业的测评，需要一个更为广阔的视野和合适的评价体系，请参见第 1 章对目前社会上的企业评价方法的对比（见表 1-1，表 1-2）。这些评价方法在图 4-1 企业幸福体系构建的底线标准和最佳实践模式中处于最佳实践的范畴。

4.2　构建企业幸福体系的底线标准

4.2.1　ISO 9001《质量管理体系要求》

ISO 9001《质量管理体系要求》是目前全世界范围内应用最为广泛、最为成功的管理体系认证标准，这个国际标准开创了管理体系国际标准认证的先河，也是其他认证标准的基础，如 ISO 4001《环境管理体系标准》、ISO 45001《职业健康安全管理体系标准》等。这个标准采用了国际标准化组织制定的管理体系标准框架，保证了与其他管理体系标准的协调一致性。本标准对组织商业实践贡献最大的是提出达到客户满意是质量管理的根本目标，标准中采用了"过程方法""PDCA 循环"和基于风险的思维，为其他管理体系标准提供了放之四海而皆准的管理工具。本标准将质量管理体系与其他管理体系标准要求进行协调或一体化，有利于组织对多体系标准进行整合形成简约的整合管理体系。组织建立《质量管理体系要求》的目的是：稳定提供满足客户要求和适用的法律法规要求的产品和服务，从而达成客户的满意。本标准的制定基于七项质量管理原则：以顾客为关注焦点、领导作用、全员积极参与、过程方法、改进、循证决策、关系管理。质量管理七项原则是质量管理体系提高组织绩效的核心依据。

　　PDCA 循环能够应用于所有过程以及整个质量管理体系（见图 4-3），PDCA 循环简要描述如下。策划（Plan）：根据顾客的要求和组织的方针，建立体系的目标及其过程，确定实现结果所需要的资源，并识别和应对风险和机遇。实施（Do）：执行所做的策划。检查（Check）：根据方针、目标、要求和所策划的活动，对过程以及形成的产品和服务进行监视和测量（适用时），并报告结果。行动（Act）：必要时采取措施提高绩效。PDCA 循环使得组织确保对其过程进行恰当管理，提供充足资源，确定改进机会并采取行动。在实现其预期结果的过程中，系统地理解和管理相互关联的"过程"有助于提高组织的有效性和效率。此种方法使组织能够对体系中相互关联和相互依赖的过程进行有效控制，以增强组织的整体绩效。

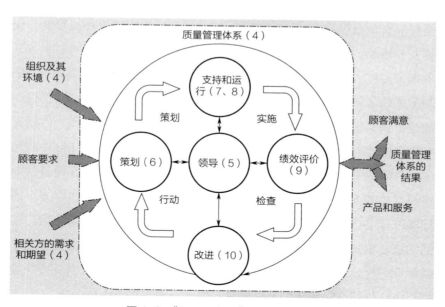

图 4-3　"PDCA 循环"概念的示意图

基于风险的思维是实现质量管理体系有效性的基础，例如：采取预防措施消除潜在的不合格，对发生的不合格进行分析，并采取与不合格的影响相适应的纠正措施，防止其再发生。标准中有关策划、评审和改进的要求都隐含了基于风险思维的概念。本标准要求组织理解其组织环境并确定风险作为策划的基础，这意味着基于风险的思维应用于策划和实施质量管理体系的过程，并形成成文信息。组织需策划和实施应对风险和机遇的措施，防止不利影响，因为某些有利于实现预期结果的情况可能导致机遇的出现，而风险是不确定性的影响，不确定性可能有正面的影响，也可能有负面的影响。风险的正面影响可能提供机遇，但并非所有的正面影响均可提供机遇。

4.2.2　ISO 14001《环境管理体系要求及使用指南》

ISO 14001《环境管理体系要求及使用指南》是世界上首个国际环境标准，自从 1992 年作为 BS 7750 首次发布以来，获得了全球认可，是目前全球最受肯定的环境管理标准。可帮助组织减少环境影响，促进业务增长，最终取得可持续的成功。为了既满足当代人的需求，又不损害后代人满足其需求的能力，必须实现环境、社会和经济三者之间的平衡。通过平衡这三大支柱的可持续性，实现可持续发展目标。通过组织实施环境管理体系，采用系统的方法进行环境管理，以期为环境支柱的可持续性做出贡献。作为国际认可的标准，ISO 14001 制定了最有效的方法来实施成功的环境管理体系。这一标准旨在通过帮助组织保持商业上的成功且不忽视其环境责任来增强组织的生存力。该标准符合 ISO 管理体系标准的要求，这些要求包括一个高阶结构，相同的核心正文，以及具有核心定义的通用术语。该标准同其他管理体系标准一样，采用共同的过程方法和基于风险的思维，组织可将环境管理体系与其他管理体系进行整合，形成一体化管理体系。

　　环境管理体系的目的是为组织提供框架，以保护环境，响应变化的环境状况，同时与社会经济需求保持平衡，保证组织实现其设定的环境绩效目标。环境管理体系通过以下途径促进可持续发展：识别环境因素及其相关环境影响并按照准则确定重要环境因素；预防或减轻不利环境影响以保护环境；减轻环境状况对组织的潜在不利影响；帮助组织履行合规义务；提升环境绩效；采用环境生命周期模式影响和控制组织的产品和服务的设计、制造、交付、消费和处置的方式；实施环境友好的且能巩固组织市场地位的可选方案，以获得财务和运营收益等。

　　环境管理体系也基于同样的 PDCA 循环。PDCA 模式为组织提供一个循环渐进的过程，用以实现持续改进。该模式可应用于环境管理体系及其每一个单独的要素。PDCA 循环与 ISO 14001 标准的结构关系如图 4-4 所示。

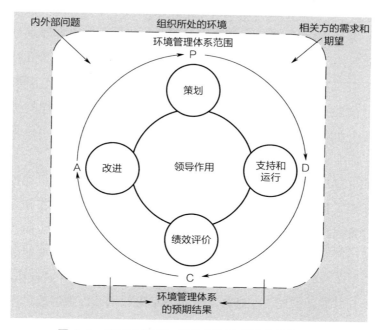

图 4-4　PDCA 循环与 ISO 14001 标准的结构关系

4.2.3　ISO 45001《职业健康安全管理体系标准》

随着员工越来越希望优先考虑自己的健康安全和福祉，基于全面的职业健康安全管理体系的强大的健康、安全和福祉战略可凸显组织致力于保护、吸引和留住优秀人才的承诺。ISO 45001《职业健康安全管理体系标准》优先考虑员工职业健康安全和福祉，从而实现更多业务成功并提高组织韧性。组织应对工作人员和可能受其活动影响的其他人员的职业健康安全负责，包括促进和保护他们的生理和心理健康。采用职业健康安全管理体系旨在使组织能够提供健康、安全的工作场所，防止与工作相关的伤害和健康损害，并持续改进其职业健康安全绩效。在职业健康安全领域，我国专门制定了一系列职业健康安全相关法律法规（如《中华人民共和国劳动法》《中华人民共和国安全生产法》《中华人民共和国职业病防治法》《中华人民共和国消防法》《中华人民共和国道路交通安全法》《中华人民共和国矿山安全法》等）。这些法律法规所确立的职业健康安全制度和要求是组织建立和保持职业健康安全管理体系所必须考虑的制度、政策和技术背景。作为一项全球标准，ISO 45001适用于各个领域，以及不同政治、经济、商业和社会环境。其设定了有关职业健康安全管理的统一基准。若企业需要在国际市场上经营业务或进行贸易活动，可以采用这个统一标准来简化经营。

职业健康安全管理体系是为管理职业健康安全风险和机遇提供的一个框架，其目的和预期结果是防止对工作人员造成与工作相关的伤害和健康损害，并提供健康安全的工作场所。因此，对组织而言，采取有效的预防和保护措施以消除危险源、最大限度地降低职业健康安全风险至关重要。组织通过其职业健康安全管理体系应用这些措施时，能够提高其职业健康安全绩效。如果及早采取措施以把握改进职业健康安全绩效的机会，职业健康安全管理体系将会更加有效和高效。

职业健康安全管理体系标准中关于危险源识别和评价的要求是本标准中很重要且独特的要求。持续主动的危险源辨识始于任何新工作场所、设施、产品或组织的概念设计阶段。危险源辨识随着设计的细化及其随后的运行持续进行，并贯穿其整个生命周期，以反映当前的、变化的和未来的活动。虽然本标准不涉及产品安全（即最终产品用户的安全），但产品的制造、建造、装配或测试过程中所存在的危害工作人员的危险源应予以考虑。危险源辨识有助于组织认识和理解工作场所中的危险源及其对工作人员的危害，以便评价、优先排序并消除危险源或降低职业健康安全风险。危险源可能是物理的、化学的、生物的、心理的、机械的、电的或基于运动或能量的。

职业健康安全管理体系也基于同样的 PDCA 循环。PDCA 模式为组织提供一个循环渐进的过程，用以实现持续改进。该模式可应用于管理体系及其每一个单独的要素。PDCA 循环与 ISO 45001 标准的结构关系如图 4-5 所示。

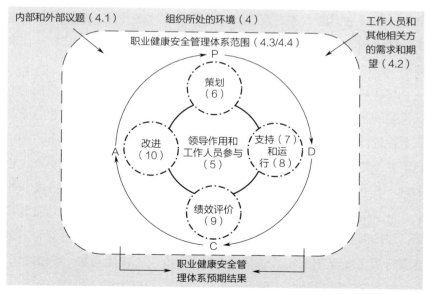

图 4-5　PDCA 循环与 ISO 45001 标准的结构关系

4.2.4 ISO 45003《职业健康安全管理——工作中心理健康与安全管理——管理心理风险指南》

ISO 45003《职业健康安全管理——工作中心理健康与安全管理——管理心理风险指南》是首个为工作场所心理健康管理提供实用指南的全球标准。作为职业健康和安全管理体系的组成部分，该标准为社会心理风险管理提供了指南。它适用于各种规模和行业的组织，并且提供了一个结构化的框架用来开发、实施、维护和持续改进工作场所中的心理健康和安全。这个标准不仅能够帮助组织营造积极的工作环境，而且有助于提升组织生存力并增强绩效、提高工作效率。2020年以来，疫情使得雇主对员工健康更加关心。孤独、压力、倦怠和抑郁对员工的心理健康造成了前所未有的影响。支持心理健康显得如此重要。任何组织都可以从这一解决社会心理健康和安全风险的最佳实践中受益。实施该标准的其他益处包括：促使员工更加自发地努力；更好地招聘人才、留住人才，促进人才多元化；增强员工敬业度；促进创新；确保遵规守法；减少因工作场所压力、倦怠、焦虑和抑郁引发的缺勤。

ISO 45003是建立管理体系、实施有效控制以消除或管理社会心理风险的指导性标准。它旨在支持拥有基于ISO 45001的职业健康和安全管理体系的公司，为公司对于心理风险的管理提供了指南，并提升了员工工作中的幸福感。社会心理危害既影响心理健康和安全，也影响工作中的健康、安全和福祉，而且与组织和社会的经济成本相关。员工的负面结果可能包括健康状况不佳、相关疾病（如心血管疾病、肌肉骨骼疾病、糖尿病、焦虑、抑郁、睡眠障碍）、相关的不良健康行为（如滥用药物、不健康饮食），以及工作满意度、承诺和生产力的下降。管理社会心理危害可以带来的积极结果，包括改善员工的工作满意度，提高其生产力。社会心理危害与工作的组织方式、工作中的社会因素以及工作环境、设备和危险任务的各个方面有关。社会心理危害可能存在于所有组织和部门，以及各种工作任务、设备和就业安排中。本标准概述了工作组织、社会因素和工作环境、设备和危险任务引起的社会心理危害的例子，以及一系列可用于消除危害或尽量减少相关风险的控制措施。

致力于实现可持续发展的组织日益注重将其企业战略与联合国可持续发展目标保持一致。ISO 45003 能够证明组织承诺确保良好的工作条件、健康和福祉。对于寻求增强其 ESG（环境、社会和公司治理）绩效的组织，实施 ISO 45003 并且将其与联合国可持续发展目标保持一致，能够向股东及包括员工在内的利益相关方传递有力的信息：组织真正关怀自己的人员。

4.2.5　企业社会责任标准：ISO 26000 和 GB/T 39604

世界各地的组织及其利益相关方日益认识到对社会负责任的行为的需求和益处。社会责任的目标致力于可持续发展。组织在运行区域的社会表现及对环境影响的状况，已经成为衡量其综合绩效和持续有效运行能力的关键内容之一。长远看，所有组织的活动都有赖于世界生态系统的健康。组织社会责任的实际表现及其对表现的认知会对组织的竞争优势、组织的声誉、组织吸引人才的能力、保持员工士气和工作效率、利益相关方的看法、社区的关系等产生深刻影响。国际标准 ISO 26000《社会责任指南》和国家标准 GB/T 39604《社会责任管理体系　要求及使用指南》都是规范社会责任的重要标准，既有相通之处也有区别，前者是指南性标准，后者是认证性标准。在社会责任或可持续性管理领域，除标准外，还存在许多致力于促进社会责任和可持续发展的技术工具或倡议，如联合国 2030 可持续发展目标等。

这些工具或倡议也可为组织建立和实施社会责任管理体系提供重要的技术参考。

ISO 26000《社会责任指南》是为组织社会责任活动提供相关指南的一项国际标准。在 ISO 26000 中，社会责任（Social Responsibility）被定义为："通过透明和道德行为，组织为其决策和活动给社会和环境带来的影响承担的责任。这些透明和道德行为有助于可持续发展，包括健康和社会福祉，考虑到利益相关方的期望，符合适用法律并与国际行为规范一致，融入整个组织并践行于其各种关系之中。"ISO 26000 中，组织履行社会责任需考虑 7 个方面：组织治理、人权、劳工实践、环境、公平运营实践、消费者问题、社区参与和发展。图 4-6 展示了 ISO 26000 标准社会责任关系图，该标准鼓励每个组织通过实施本国际标准对社会更加负责。该标准于 2010 年 11 月由 ISO 正式发布，并提供各国自愿采用。ISO 26000 的制定目的是，明确社会责任的定义和内涵，统一社会各界对社会责任的理解，为组织履行社会责任提供可参考的指南。ISO 26000 的主要内容包括：与社会责任有关的术语和定义；与社会责任有关的背景情况；与社会责任有关的原则和实践；社会责任核心主题和问题；社会责任的履行；处理利益相关方问题；社会责任相关信息的沟通。在尊重多样性和差异性原则的前提下，ISO 26000 的主要技术内容强调组织遵纪守法、尊重人权、关心员工、保护消费者、热心社会公益、关爱环境，为社会、经济和环境的可持续发展做贡献等。ISO 26000 明确声明，它"不是管理体系标准，不适用于认证目的"。

国家标准 GB/T 39604—2020《社会责任管理体系　要求及使用指南》的作用是为组织管理其决策和活动的社会影响提供一个框架（图 4-7 是社会责任管理体系与组织其他管理体系的结构关系），组织应为其决策和活动对社会和环境的影响担责，包括保护和促进社会和环境利益，以便为可持续发展做出贡献。GB/T 39604 规定了社会责

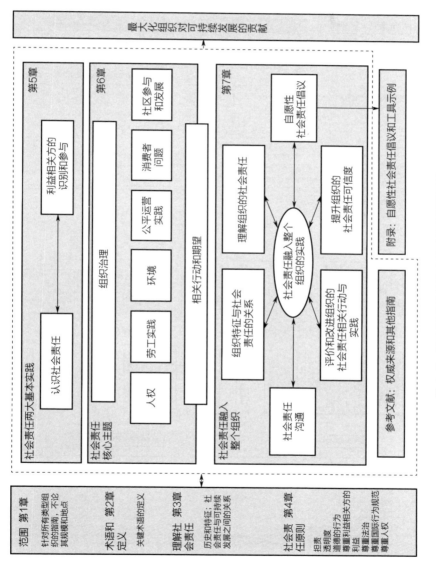

图 4-6 ISO 26000 标准中的社会责任关系图

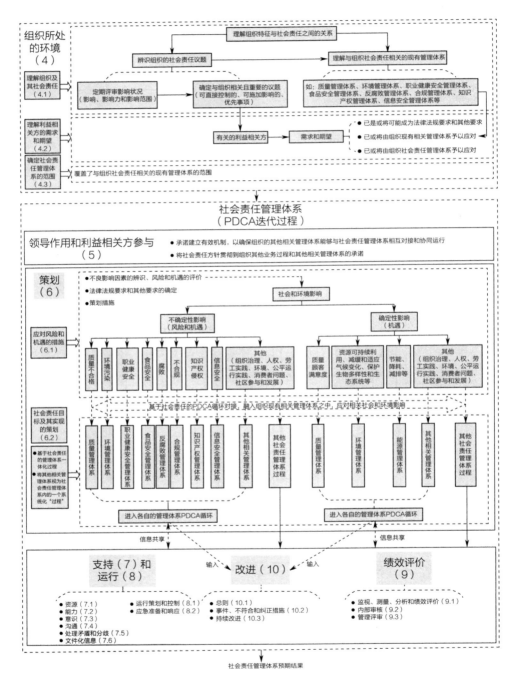

图 4-7　社会责任管理体系与组织其他管理体系的结构关系

任管理体系要求，并给出了其使用指南，以使组织能够通过防止和控制不良影响、促进有益影响以及主动改进其社会责任绩效来更好地履行其社会责任，从而成为对社会更负责任的组织。该标准适用于任何具有以下愿望的组织：通过建立、实施和保持社会责任管理体系，以改进社会责任管理、消除不良影响因素并最大限度地降低不良影响（包括体系缺陷等）、在可行时主动促进有益影响以及应对与其决策和活动相关的社会责任管理体系的不符合。而本标准则是基于国际标准化组织通用管理体系标准高层结构而全新制定的一项社会责任管理体系标准，属于"要求"标准，可用于符合性自我声明和认证目的。对组织而言，实施社会责任管理体系是一项战略和经营决策。社会责任管理体系的成功取决于领导作用、承诺，以及组织各层次和职能的参与。GB/T 39604 也基于 PDCA 循环，该模式可应用于管理体系及其每一个单独的要素。PDCA 循环与社会责任标准的结构关系如图 4-8 所示。

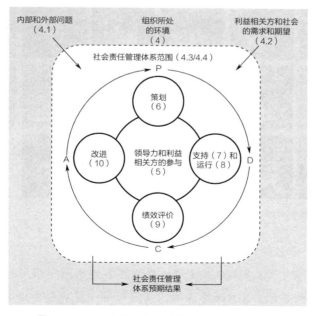

图 4-8　PDCA 循环与社会责任标准的结构关系

4.3 构建企业幸福体系的最佳实践标准

4.3.1 联合国可持续发展目标

联合国可持续发展目标呼吁全世界共同采取行动，消除贫困、保护地球、改善所有人的生活和未来。17项目标于2015年由联合国所有会员国一致通过，作为2030年可持续发展议程的组成部分。该议程为世界各国在15年内实现17项目标指明了方向。目前，许多地方的行动正取得进展，但总体而言，进展的速度和规模尚未达到实现可持续发展目标所需的水平。自2020年起的10年内，我们必须采取有力的行动，才能在2030年之前实现可持续发展目标（见图4-9）。

资料来源：https://china.un.org/zh/sdgs。

图4-9 联合国可持续发展目标

- 消除贫穷：SDGs第1项，在世界各地消除一切形式的贫困。
- 消除饥饿：SDGs第2项，消除饥饿，实现粮食安全、改善营养和促进可持续农业。

- 良好健康与福祉：SDGs 第 3 项，确保健康的生活方式，促进各年龄段人群的福祉。
- 优质教育：SDGs 第 4 项，确保包容、公平的优质教育，促进全民享有终身学习机会。
- 性别平等：SDGs 第 5 项，实现性别平等，为所有妇女、女童赋权。
- 清洁饮水和卫生设施：SDGs 第 6 项，人人享有清洁饮水及用水是我们所希望生活的世界的一个重要组成部分。
- 廉价和清洁能源：SDGs 第 7 项，确保人人获得可负担、可靠和可持续的现代能源。
- 体面工作和经济增长：SDGs 第 8 项，促进持久、包容、可持续的经济增长，实现充分和生产性就业，确保人人有体面工作。
- 工业、创新和基础设施：SDGs 第 9 项，建设有风险抵御能力的基础设施，促进包容的可持续工业，并推动创新。
- 缩小差距：SDGs 第 10 项，减少国家内部和国家之间的不平等。
- 可持续城市和社区：SDGs 第 11 项，建设包容、安全、有风险抵御能力和可持续的城市及人类住区。
- 负责任的消费和生产：SDGs 第 12 项，确保可持续消费和生产模式。
- 气候行动：SDGs 第 13 项，采取紧急行动应对气候变化及其影响。
- 水下生物：SDGs 第 14 项，保护和可持续利用海洋及海洋资源以促进可持续发展。
- 陆地生物：SDGs 第 15 项，保护、恢复和促进可持续利用陆地生态系统、可持续森林管理、防治荒漠化、制止和扭转土地退化现象、遏制生物多样性的丧失。

- 和平、正义与强大机构：SDGs 第 16 项，促进有利于可持续发展的和平和包容社会，为所有人提供诉诸司法的机会，在各层级建立有效、负责和包容的机构。

- 促进目标实现的伙伴关系：SDGs 第 17 项，加强执行手段，重振可持续发展全球伙伴关系。

可持续发展指在不损害后代人满足其自身需要的能力的前提下满足当代人的需要的发展。可持续发展要求为人类和地球建设一个具有包容性、可持续性和韧性的未来而共同努力。要实现可持续发展，必须协调三大核心要素：经济增长、社会包容和环境保护。这些因素是相互关联的，且对个人和社会的福祉都至关重要。消除一切形式和维度的贫穷是实现可持续发展的必然要求。为此，必须促进可持续、包容和公平的经济增长，为所有人创造更多的机会，减少不平等，提高基本生活标准，促进社会公平发展和包容性，推动自然资源和生态系统的综合和可持续管理。在全球层面，将运用一个全球性指标框架监测和审查新议程 17 项可持续发展目标和 169 项具体目标的进展。各国政府也将建立各自的国家衡量指标，协助监测可持续发展目标和具体目标的进展。联合国秘书长将发布年度《可持续发展目标进展报告》，陈述跟踪和审查程序及信息。气候变化已经在影响公众健康、粮食和水安全、移徙，以及和平与安全。对可持续发展的投资将降低温室气体排放和增强气候适应能力，从而有助于应对气候变化，应对气候变化和促进可持续发展相辅相成。可持续发展目标不具有法律约束力，尽管如此，各国应主动承担责任，建立实现 17 个目标的国家框架。对于到 2030 年可持续发展目标和各项具体目标的进展在国家、区域和全球层面的跟踪和审查，各国负有主要责任。

4.3.2 《可持续发展报告指南》

全球报告倡议组织（Global Reporting Initiative，GRI）发布的《可持续发展报告指南》（下简称《指南》）是被全球广泛采用的企业可持续发展报告框架和指南之一。它要求企业向利益相关方报告经济、环境和社会层面的信息。《指南》鼓励企业将社会责任贯彻于业务战略、风险管理、治理结构等方方面面，并提供了一套指标体系供企业进行报告。通过向利益相关方公开企业的社会责任表现，《指南》促进了企业的透明度和问责制度。GRI 标准反映国际最佳实践。2000 年，GRI 发布了第一代《可持续发展报告指南》。2002 年，在南非约翰内斯堡的世界可持续发展峰会上，GRI 正式发布修订后的第二代《可持续发展报告指南》（简称 G2）。2006 年 10 月 4 日至 6 日，全球报告倡议组织在荷兰阿姆斯特丹举行了《可持续发展报告指南》第三版（简称 G3）的发布会议。踏入 21 世纪，可持续发展日益受到重视，全球有两千多家企业发表可持续发展报告。在日趋全球化的经济发展中，许多管理者致力于提升竞争力。对于分布在世界各地的、已经开展可持续发展报告的这两千多家公司而言，报告企业的经济、环境和社会业绩，是提升竞争力的策略之一。可持续发展报告的工作强调企业对社会和生态的贡献及其产品和服务的"可持续发展价值理念"，这有助于提高管理层的评估能力，评估企业对自然、人文和社会资本的管理。这种评估拓展了传统财务报表的视角，从而更加完整地反映了企业的长期发展愿景，这对维持和加强企业的持续经营至关重要。

GRI 旨在让公众了解组织对经济、环境和社会的影响。借助这些标准编制可持续发展报告，组织可表明对可持续发展的正面和负面影响。GRI 标准是由相互关联的多套标准组成的模块系统。报告流程基于三套标准：通用标准（适用于所有组织）；行业标准（适用于特定行业）；议题标准（关于具体议题的披露项）。使用这些标准确定实质性（相关）议题，有助于组织实现可持续发展（见图 4-10）。

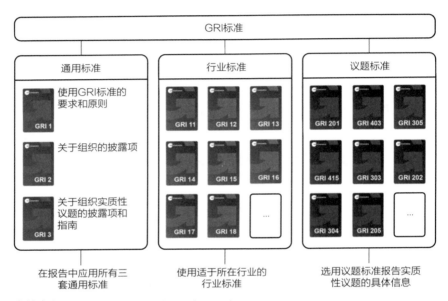

资料来源：https://www.globalreporting.org/。

图 4-10 GRI 标准：通用标准、行业标准和议题标准框架

GRI 建立的宗旨在于完善可持续发展报告的实务，使之能与财务报告的水平相媲美，同时实现报告所披露信息的可比性、可靠性、严格性、时效性和可核实性。相对财务报告而言，可持续发展报告面向较广泛的使用者，包括所有的利益相关团体，即除了投资者和债权人外，亦包括员工、供货商、消费者、社区、环保组织等。《指南》旨在协助报告机构（包括公司、政府机构和非政府组织）更好地表述其对可持续发展的贡献，同时帮助报告机构的利益相关者更好地理解这些贡献。各机构在报告其活动、产品和服务所产生的经济、环境和社会影响时可选择采用指南。《指南》的适用范围包括世界各地、各种类型、各种规模的所有机构。GRI 发布的《可持续发展报告指南》并非是一种行为守则和业绩评价准则，更不是制定行为的绩效标准。《指南》只是要求企业或者组织披露正在做什么，至于做得好坏与否，则需要由外界阅读报告的人来判断。因此，它是以自愿为基础的，各种类型、规模、行业和地域的组织都可以运用《指南》。而且《指南》并不为企业或者组织提供编制报告的方法，而是关注报告内容。

4.3.3　企业 ESG 评价标准

ESG 是环境（Environment）、社会（Social）、公司治理（Governance）的英文首字母的缩写，是一种关注环境变化影响、社会效益、公司治理绩效综合表现的发展理念，是衡量企业可持续发展的标准之一。ESG 的理念和信息广泛应用于全世界投资领域。ESG 管理符合一般企业管理属性，可以建立系统化的管理体系。企业的 ESG 理念可以推动资本市场创造长期价值和追求包容共赢，其内容包含创新、环保、人力资源、合规、供应链等方面。中国的 T/CAQ 10117—2022《企业 ESG 管理体系要求》和 T/CAQ 10118—2022《企业 ESG 评价指南》，明确了企业的 ESG 日常管理工作要求和评价实施的基本过程和内容。前者规定了通用的 ESG 管理体系的基本要求，旨在帮助企业基于现有的管理架构与机制，建立和规范 ESG 管理体系，提升 ESG 管理能力，有利于企业保证符合其适用的法律法规和企业自我声明的要求；旨在引导价值投资并增强利益相关方满意度。后者提供了企业 ESG 评价原则、评价模型、评价内容、评价组织、评价流程等内容指南，可以直接用于指导企业就 ESG 管理绩效开展自我评价、第二方或第三方 ESG 评价工作。

T/CAQ 10117《企业 ESG 管理体系要求》规定了 ESG 管理体

系的目的是通过体系有效应用证实其具有持续稳定的组织治理能力、风险管理能力和价值创造能力。本标准中描述的 ESG 管理体系方法基于 PDCA 循环，总结了企业 ESG 管理的"三步十法"模式图（见图 4-11）。模式图中第一步"组织"，指构建 ESG 工作的组织体系、方向、制度；第二步"融合"将 ESG 理念纳入日常管理提升绩效；第三步"沟通"指企业就相关信息与利益相关方进行信息交流和反馈。

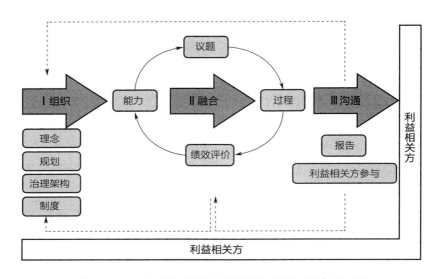

图 4-11　企业 ESG 管理体系要求的"三步十法"模式图

　　T/CAQ 10118《企业 ESG 评价指南》基于全球报告倡议组织的《可持续发展报告指南》、ISO 26000《社会责任指南》等 ESG 信息披露标准，明确了企业 ESG 的评价原则、评价模型、评价内容、评价组织和评价流程。标准按照环境、社会、公司治理 3 个维度（见图 4-12）建立评价指标体系，并设置了环境、社会、公司治理 3 个板块，7 项一级指标、39 项二级指标，对应每一个指标描述了评价的具体内容并规定了分值。ESG 评价模型兼顾风险管理和社会价值贡献，以全面回应利益相关方的关切。根据评价最终得分划分五个评价等级（见图 4-13），即卓越者、领先者、追赶者、起步者和旁观者。

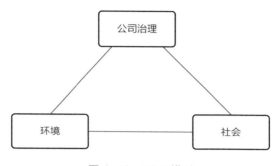

图 4-12　ESG 模型

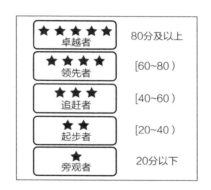

图 4-13　ESG 评价等级分类

　　环境板块：一级指标环境风险议题包括二级指标环境管理、能源消耗、资源管理、排放物管理、应对气候变化、生物多样性；一级指标环境价值议题包括二级指标助力"双碳"目标、绿色产品和技术研发、可再生能源开发与应用、生态治理。每项议题从制度建设、实践举措、绩效管理三个层次具体评价。

　　社会板块：一级指标社会风险议题包括二级指标质量管理、客户服务管理、员工权益保护、安全生产、员工职业健康、员工发展、供应链管理；一级指标社会价值议题包括二级指标国家战略响应、科技创新、产业链协同、合作机制和平台、公益慈善、公共服务、促进就业。每项议题从制度建设、实践举措、绩效管理三个层次具体评价。

公司治理板块：一级指标包括公司治理（二级指标为股东大会、董事会、高级管理层、治理机制、商业道德）、董事会 ESG 治理（二级指标为领导机制、董事会参与、管理层考核）、ESG 管理（二级指标为 ESG 规划、责任部门、工作适度、工作绩效、能力提升、沟通交流）。

企业 ESG 评价机制否决指标有三年内的重大环境污染事件、群体劳动保障事件、重大安全事故、重大质量事故、严重失信行为。评价加分事项包括三年内的 ESG 治理创新突破、公益慈善突出贡献、助力"双碳"突出贡献、重大科研创新。

4.3.4　企业幸福指数评价标准

中国文化管理协会在 2019 年颁布了 T/CCAAS 002—2019《企业幸福指数评价标准》用以开展企业幸福指数评估，这是世界上最早颁布的用于测评企业幸福要求的标准之一。本标准规定了企业幸福指数评价的原则、适用形式、指标体系、评价方法、评价过程及评价结果。企业幸福建设的重要支撑是企业的组织管理和运作方式，企业幸福建设的基础是员工的幸福能力，即员工心理资本。《企业幸福指数评价标准》给幸福企业建设提供了明确的指导：企业组织除了具有物质系统、技术系统的特征外，还具有社会心理系统的特征。企业幸福指数旨在帮助企业识别在组织管理和员工状态等方面的不足，促进企业针对性地改善和提升。标准中的企业幸福指数由工作环境、成长环境、人际环境、领导方式、组织环境、生活愉悦、心理资本 7 个一级指标和 38 个二级指标组成，如表 4-2 所示。

表 4-2　T/CCAAS 002—2019《企业幸福指数评价标准》
中的企业幸福指标及评价标准

维度	二级指标	指标定义	评价标准
工作环境（本部分占总权重13.34%）	安全健康	工作对员工人身安全、健康的影响	对此指标进行 1~5 分的程度评价，指标得分 = 评价原始分 ×20
	环境舒适	工作场所及周边环境的舒适程度	对此指标进行 1~5 分的程度评价，指标得分 = 评价原始分 ×20
	条件支持	对工作所需工具设施等条件的支持感	对此指标进行 1~5 分的程度评价，指标得分 = 评价原始分 ×20
	角色清晰	对岗位角色职责界定的清晰程度	对此指标进行 1~5 分的程度评价，指标得分 = 评价原始分 ×20
	任务安排	工作安排与员工特征的匹配程度，以及任务安排是否存在冲突	对此指标进行 1~5 分的程度评价，指标得分 = 评价原始分 ×20
	工作成就	员工在工作中体验到的成就感	对此指标进行 1~5 分的程度评价，指标得分 = 评价原始分 ×20
成长环境（本部分占总权重13.34%）	成长路径	对员工成长路径定义是否明确，对员工的能力和绩效评价是否有明确定义	对此指标进行 1~5 分的程度评价，指标得分 = 评价原始分 ×20
	系统培养	员工有获得学习的机会，同时也有分享和展示能力的机会，系统化地提升员工解决问题的综合能力	对此指标进行 1~5 分的程度评价，指标得分 = 评价原始分 ×20
	成长机制	对管理者培养下属有明确机制，员工的职位晋升有明确的定义	对此指标进行 1~5 分的程度评价，指标得分 = 评价原始分 ×20

（续）

维度	二级指标	指标定义	评价标准
人际环境（本部分占总权重13.33%）	共同担当	团队成员能共同面对问题和挑战，共同行动	对此指标进行 1~5 分的程度评价，指标得分 = 评价原始分 ×20
	跨界协作	团队横向能主动响应，能具备考虑双方需求进行问题解决的思维	对此指标进行 1~5 分的程度评价，指标得分 = 评价原始分 ×20
	开放包容	同事之间能相互接纳，包容不同观点	对此指标进行 1~5 分的程度评价，指标得分 = 评价原始分 ×20
	人际吸引	同事间能彼此欣赏，相互信任	对此指标进行 1~5 分的程度评价，指标得分 = 评价原始分 ×20
	相互促进	同事之间能相互学习，分享经验	对此指标进行 1~5 分的程度评价，指标得分 = 评价原始分 ×20
领导方式（本部分占总权重13.33%）	目标引领	能带领团队共同参与目标设置，通过对目标意义的引领不断追求高绩效的目标的实现	对此指标进行 1~5 分的程度评价，指标得分 = 评价原始分 ×20
	系统把握	能够把握关键问题，并将精力集中到关键问题上	对此指标进行 1~5 分的程度评价，指标得分 = 评价原始分 ×20
	激发信任	能明确对团队成员工作的要求，聆听员工心声。主动分享经验和信息，同时主动关心团队成员的困难并帮助和支持	对此指标进行 1~5 分的程度评价，指标得分 = 评价原始分 ×20
	读懂他人	能关注和把握团队成员的需求和特征并以此做好工作的安排和沟通	对此指标进行 1~5 分的程度评价，指标得分 = 评价原始分 ×20
	释放潜能	主动接纳员工意见，让员工成为主角，员工的表现能够得到及时肯定和鼓励	对此指标进行 1~5 分的程度评价，指标得分 = 评价原始分 ×20

（续）

维度	二级指标	指标定义	评价标准
领导方式（本部分占总权重13.33%）	促进成长	能关注团队成员的职业发展，并能定期给团队成员反馈和建设性辅导	对此指标进行 1~5 分的程度评价，指标得分 = 评价原始分 ×20
组织环境（本部分占总权重13.33%）	愿景激发	激发员工对单位发展前景的信心	对此指标进行 1~5 分的程度评价，指标得分 = 评价原始分 ×20
	组织配置	从客户需求、市场需求和效能角度对资源进行合理配置	对此指标进行 1~5 分的程度评价，指标得分 = 评价原始分 ×20
	流程高效	根据内外客户需求对业务环节进行增值优化，简化流程	对此指标进行 1~5 分的程度评价，指标得分 = 评价原始分 ×20
	授权赋能	具备激发员工自主参与的机制	对此指标进行 1~5 分的程度评价，指标得分 = 评价原始分 ×20
	纵向支持	上下级之间能进行快速的响应，反馈	对此指标进行 1~5 分的程度评价，指标得分 = 评价原始分 ×20
	信息透明	推动跨界信息的共享，实现更多管理信息的共享	对此指标进行 1~5 分的程度评价，指标得分 = 评价原始分 ×20
	价值激励	对激励和惩罚的导向和底线有明确依据的能力，用绩效来定义员工薪酬	对此指标进行 1~5 分的程度评价，指标得分 = 评价原始分 ×20
	鼓励创新	搭建创新的机制和平台，鼓励和肯定员工的创新	对此指标进行 1~5 分的程度评价，指标得分 = 评价原始分 ×20
	文化优秀	公司的价值导向获得员工认同，员工的获得感和公司的发展匹配	对此指标进行 1~5 分的程度评价，指标得分 = 评价原始分 ×20
	品牌影响	赢得行业和客户积极的评价和认可，获得优秀人才的关注	对此指标进行 1~5 分的程度评价，指标得分 = 评价原始分 ×20

（续）

维度	二级指标	指标定义	评价标准
生活愉悦（本部分占总权重13.33%）	薪酬保障	工作获得的薪酬给生活的保障	对此指标进行 1~5 分的程度评价，指标得分 = 评价原始分 ×20
	生活平衡	工作占据的时间和精力对员工生活平衡的影响	对此指标进行 1~5 分的程度评价，指标得分 = 评价原始分 ×20
	福利关爱	公司的福利和员工需求的针对性、匹配度	对此指标进行 1~5 分的程度评价，指标得分 = 评价原始分 ×20
	家庭关爱	员工对家庭关爱做法的满意程度	对此指标进行 1~5 分的程度评价，指标得分 = 评价原始分 ×20
	身心关爱	公司对员工的健康、压力、心理方面的关爱程度	对此指标进行 1~5 分的程度评价，指标得分 = 评价原始分 ×20
心理资本（本部分占总权重20%）	解决问题	个体面对困难、挑战和压力时，在乐观积极、自信坚韧、合理归因、情绪调节方面的能力	总分 0~4 分，指标得分 = 评价得分 ×25
	追求发展	个体面对自我的探索和发展时，在自主定向、意义寻求、专注投入、自我拓展方面的能力	总分 0~4 分，指标得分 = 评价得分 ×25
	适应环境	个体与他人及事物互动时，在灵活变通、包容差异、亲和利他、自我悦纳方面的能力	总分 0~4 分，指标得分 = 评价得分 ×25

　　一级指标工作环境包括二级指标安全健康、环境舒适、条件支持、角色清晰、任务安排、工作成就。一级指标成长环境包括二级指

标成长路径、系统培养、成长机制。一级指标人际环境包括二级指标共同担当、跨界协作、开放包容、人际吸引、相互促进。一级指标领导方式包括二级指标目标引领、系统把握、激发信任、读懂他人、释放潜能、促进成长。一级指标组织环境包括二级指标愿景激发、组织配置、流程高效、授权赋能、纵向支持、信息透明、价值激励、鼓励创新、文化优秀、品牌影响。一级指标生活愉悦包括二级指标薪酬保障、生活平衡、福利关爱、家庭关爱、身心关爱。一级指标心理资本包括二级指标解决问题、追求发展、适应环境。企业幸福指数评价一级指标指数计算模型：各项一级指标由二级指标构成，企业幸福指数一级指标指数由对应的二级指标评价得分使用加权平均方法计算得到。企业幸福指数评价总得分计算模型：企业幸福指数评价总得分由7 个一级指标指数使用加权平均方法计算，并加上加分项分值得到。企业幸福指数评价加分项包括世界级最佳雇主 500 强、中国最佳雇主100 强、企业文化先进单位、幸福企业示范基地。

企业幸福指数体现了企业在员工工作、生活保障与关爱、能力成长与职业发展、人际支持与协作、领导与管理行为以及组织整体发展等方面对员工幸福感受的影响程度。标准中规定了企业幸福指数的评价方法：包括幸福企业指数测评、中高层领导和员工访谈、现场考察、专业解读以及企业幸福指数评价相关荣誉认定等。评价专家组在对企业报送的材料查阅和调研评价的基础上，依据评价指标体系测评标准提出综合认定意见，形成"企业幸福指数评价报告"。评价得到企业幸福指数使用百分制展现（另有 5 分附加分），按分数高低进行横向排名，排名在前的企业幸福指数大于排名在后的企业。根据企业幸福指数确定排名，企业幸福指数前 10 强被评定为全国企业幸福指数建设先进单位并可成为幸福企业建设示范基地，企业幸福指数前 50 强被评定为全国企业幸福指数建设先进单位。

4.4 企业幸福指数评价标准与过程方法的应用

T/CCAAS 002—2019《企业幸福指数评价标准》是通过企业幸福指数评估，用于测评企业幸福要求的一个标准。企业幸福指数标准中的企业幸福指标由工作环境、成长环境、人际环境、领导方式、组织环境、生活愉悦、心理资本7个一级指标和38个二级指标组成。《企业幸福指数评价标准》的方法比较笼统，评价的过程极大地依赖于评估组成员的专业水平和技能。针对《企业幸福指数评价标准》的短板，他山之石可以攻玉，已经在全世界广泛成熟应用的国际标准《管理体系审核指南》提供的过程方法审核工具，能够很好地帮助《企业幸福指数评价标准》的实施。本章的案例分析将选择《企业幸福指数评价标准》作为评价企业幸福体系的评价准则。

ISO 19011：2018《管理体系审核指南》考虑了若干新的管理体系标准，在考虑更广泛的管理体系审核方式并提供更为通用的指南，如 ISO 9001、ISO 4001、ISO 45001、ISO 27001、ISO 50001 等。审核结果能为业务计划的分析提供输入，有助于识别改进需求和活动。这个审核指南为所有规模和类型的组织以及不同范围和规模的审核提供指导，同时适用于第一方审核、第二方审核和第三方审核。该指南要求的管理体系审核原则、审核方案管理、审核实施、评价参与审核过程的人员能力，正好也是企业幸福指标评价过程需要的工具。管理体系国际标准在全世界范围内的广泛成功实施，其核心的过程方法是一个功能强大的万能工具，图 4-14 是基于过程方法和 PDCA 循环的审核方案管理过程图。

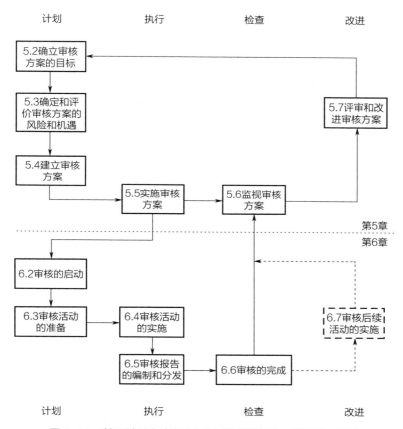

图 4-14　基于过程方法和 PDCA 循环的审核方案管理过程图

　　《管理体系审核指南》规定：只有经过某种程度验证的信息才能被接受为审核证据。在验证程度较低的情况下，审核员应运用其专业判断来确定可将其作为证据的可信度。收集和验证信息的典型过程如图 4-15 所示，收集信息的方法包括但不限于访谈、问卷、现场观察和巡视、抽样、成文信息评审等。审核方法涵盖了现场和远程的方式。过程方法审核是对所有 ISO 管理体系标准的要求，过程方法审核必须理解为一个管理体系，即审核一个组织的过程以及它们与一个或多个管理体系标准之间的相互作用。当活动被当作连贯系统的相互关联的过程得到理解并加以管理时，可以更有效和高效地实现一致的和可预见的结果。针对企业幸福指数 7 个一级指标的评估，在组织中可能涉及多个组织过程，如人力资源管理过程、办公室管理过程、组织设施管理过程、人员薪资福利管理过程、人员招聘和劳动合同签订过程、人员能力和发展绩效评估过程、工会俱乐部管理过程、领导力发展过程、员工帮助计划过程、员工培训过程等。在实施企业幸福指数评价过程中，恰当地应用《管理体系审核指南》中的过程方法审核，能极大地促进企业幸福评价的过程和取得可信的结果。表 4-3 是利用过程方法分析企业幸福指数标准的指标与过程、PERMA 模型的关系表（举例），表 4-4 是应用过程审核方法制定的企业幸福指数现场评价计划（举例）。

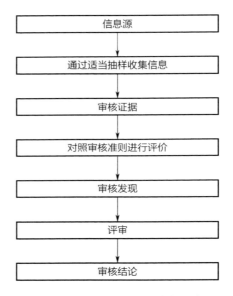

图 4-15　收集和验证信息的典型过程

表 4-3　企业幸福指数指标维度的指标与过程、PERMA 模型的关系表（举例）

维度	二级指标	过程	积极心理学	文件	现场证据	负责人
工作环境（本部分占总权重13.34%）	安全健康	公司 EHS 管理体系	PERMA：积极情绪	手册、程序文件、作业指导书、记录	现场观察	主管 /EHS
	环境舒适	办公环境、现场环境、周界环境	PERMA：积极情绪	现场作业指导书、记录	现场观察	主管
	条件支持	办公环境、现场环境、周界环境条件保障	PERMA：积极情绪	现场作业指导书	现场观察	主管
	角色清晰	岗位职责		手册、程序文件、作业指导书	现场观察	主管
	任务安排	岗位职责		手册、程序文件、作业指导书	现场观察	所有岗位
	工作成就	员工满意度	PERMA：成就	员工满意度	现场观察	所有岗位
成长环境（本部分占总权重13.34%）	成长路径	人力资源职业发展、培训与绩效评估过程		人力资源程序文件	记录	所有岗位
	系统培养	人力资源职业发展、培训与绩效评估过程		人力资源程序文件	记录	所有岗位
	成长机制	人力资源职业发展、培训与绩效评估过程		人力资源程序文件	记录	所有岗位
人际环境（本部分占总权重13.33%）	共同担当	员工满意度、顾客满意度、客户投诉处理、其他过程记录	PERMA：人际关系	记录	记录 / 现场观察	所有岗位

（续）

维度	二级指标	过程	积极心理学	文件	现场证据	负责人
人际环境（本部分占总权重13.33%）	跨界协作	员工满意度、顾客满意度、客户投诉处理、其他过程记录	PERMA：人际关系	记录	记录/现场观察	所有岗位
	开放包容	员工满意度、顾客满意度、客户投诉处理、其他过程记录	PERMA：人际关系	记录	记录/现场观察	所有岗位
	人际吸引	员工满意度、顾客满意度、客户投诉处理、其他过程记录	PERMA：人际关系	记录	记录/现场观察	所有岗位
	相互促进	员工满意度、顾客满意度、客户投诉处理、其他过程记录	PERMA：人际关系	记录	记录/现场观察	所有岗位
领导方式（本部分占总权重13.33%）	目标引领	公司价值观、愿景、战略与宣贯		公司价值观、愿景、战略与宣贯记录等	记录、访谈	高管/员工
	系统把握	公司价值观、愿景、战略与宣贯		公司价值观、愿景、战略与宣贯记录等	记录、访谈	高管/员工
	激发信任	授权过程、绩效评估、员工满意度		程序文件、制度、员工满意度	记录、访谈	高管/员工
	读懂他人	授权过程、绩效评估、员工满意度		程序文件、制度、员工满意度	记录、访谈	高管/员工

组织环境（本部分占总权重13.33%）	释放潜能	授权过程、绩效评估、员工满意度	PERMA：意义	程序文件、制度、员工满意度	记录、访谈	高管/员工
	促进成长	授权过程、职业发展、绩效评估、员工满意度		程序文件、制度、员工满意度	记录、访谈	高管/员工
	愿景激发	公司价值观、愿景、战略与宣贯		公司价值观、愿景、战略与宣贯记录等	记录、访谈	高管/员工
	组织配置	公司愿景、战略、组织架构、业务模式		公司价值观、愿景、战略、组织架构等	记录、访谈	高管/员工
	流程高效	公司战略、组织架构、业务流程	PERMA：意义	业务流程图	记录、访谈	所有岗位
	授权赋能	授权过程、绩效评估、员工满意度		程序文件、制度、员工满意度	记录、访谈	高管/员工
	纵向支持	授权过程、绩效评估、员工满意度		程序文件、制度、员工满意度	记录、访谈	高管/员工
	信息透明	内部外部沟通过程		沟通方式与工具	记录、访谈	高管/员工
	价值激励	绩效评估、薪酬与奖惩、员工满意度		程序文件、制度、员工满意度	记录、访谈	高管/员工
	鼓励创新	运营模式创新、产品创新、服务创新等		记录	记录、访谈	所有岗位

（续）

维度	二级指标	过程	积极心理学	文件	现场证据	负责人
组织环境（本部分占总权重13.33%）	文化优秀	公司价值观、绩效评估、员工满意度	PERMA：意义	程序文件、制度、员工满意度	记录、访谈	所有岗位
	品牌影响	顾客满意度、外部奖励荣誉等		记录	记录	高管
	薪酬保障	绩效评估、薪酬与奖罚、员工满意度	PERMA：积极情绪、成就	程序文件、制度、员工满意度	记录、访谈	所有岗位
生活愉悦（本部分占总权重13.33%）	生活平衡	工作时间、员工满意度	PERMA：积极情绪	程序文件、制度、员工满意度	记录、访谈	所有岗位
	福利关爱	员工福利慰问、员工满意度	PERMA：积极情绪、沉浸	记录	记录、访谈	所有岗位
	家庭关爱	员工福利慰问、员工满意度	PERMA：积极情绪、沉浸	记录	记录、访谈	所有岗位
	身心关爱	员工心理健康、员工满意度	PERMA：积极情绪、沉浸	记录	记录、访谈	所有岗位
心理资本（本部分占总权重20%）	解决问题	员工满意度、顾客满意度、客户投诉处理、其他过程记录	积极组织行为：心理资本	记录	记录/现场观察	所有岗位
	追求发展	绩效评估、员工发展与培训、员工满意度	积极组织行为：心理资本	记录	记录/现场观察	所有岗位
	适应环境	员工发展与培训、员工满意度	积极组织行为：心理资本	记录	记录/现场观察	所有岗位

表 4-4　企业幸福指数现场评价计划（举例）

评价目的：按照标准提供企业幸福指数评估，确定企业幸福指数现状，帮助识别组织、管理和人员状态等方面的差距，为企业针对性的改善提供方向。

评价类型：企业幸福外部评估

评价准则：T/CCAAS 002—2019《企业幸福指数评价标准》、企业内部程序、作业指导书、制度等

评价专家组：A B

评价日期：×××× ×

评价地点：ABC 公司

日期	评价组	时间	部门/过程	评价内容	被评价方	向导	标准要素	PERMA要素
第一天	AB	9:00—9:30	首次会议	评价计划、人员介绍	所有人	—	—	—
	AB	9:30—10:00	现场参观	初步印象	高层管理	C	—	—
	AB	10:00—11:00	高层访谈	企业介绍、幸福企业建设、管理层承诺与参与、相关荣誉等	高层管理	C	领导方式组织环境	PERMA：M
	AB	11:00—12:00	员工满意度过程	员工满意度调查流程、年度调查记录、改进措施等	人力资源部总经办	C	工作环境成长环境组织环境人际关系生活愉悦	PERMA

（续）

日期	评价组	时间	部门/过程	评价内容	被评价方	向导	标准要素	PERMA要素
第二天	AB	13:00—14:00	人员发展和培训过程	人力发展程序、人员招聘、培养、职业发展路径、培训计划和实施等	人力资源部、业务部门	C	工作环境 成长环境 组织环境 人际关系	PERMA: M
	AB	14:00—15:00	人员绩效评价过程	人员绩效评估程序、年度绩效评估过程和记录等	人力资源部、业务部门	C	工作环境 组织环境	PERMA: A
	AB	16:00—17:00	人员薪资与福利过程	人员薪资与福利战略、框架、实际情况记录	人力资源部、业务部门	C	工作环境 组织环境 生活愉悦	PERMA: P、A
	AB	09:00—11:00	基层访谈	幸福企业建设的参与、企业文化与价值观的理解、团队建设等	基层员工	C	工作环境 组织环境 人际关系 生活愉悦	PERMA
	AB	11:00—12:00	员工心理关爱过程	企业心理帮助计划、困难帮扶、员工工会活动、家庭日和亲子活动、业余文化生活等	人力资源部、工会等	C	心理资本 工作环境 组织环境 生活愉悦	PERMA: P、E

第三天	AB	13:00—14:00	中层访谈	幸福企业建设的执行、企业文化与价值观的宣贯、团队建设等	中层经理	C	工作环境 组织环境 成长环境 人际关系 生活愉悦	PERMA
	AB	14:00—17:00	工作环境现场评估	产品或服务现场、工作环境、舒适程度、后勤保障、餐厅保洁、企业文化、领导力展示、品牌影响、员工工作状态等	现场	C	工作环境 组织环境 成长环境 人际关系 生活愉悦 心理资本	PERMA
	AB	17:00—17:30	企业幸福指数测评问卷附录A；心理资本测试	按照商议的员工比例完成企业幸福指数测评	现场	C	工作环境 成长环境 人际关系 领导方式 组织环境 生活愉悦 心理资本	PERMA 心理资本

（续）

日期	评价组	时间	部门/过程	评价内容	被评价方	向导	标准要素	PERMA要素
第三天	AB	09:00—10:00	品牌、荣誉宣传或发展览现场评价	世界最佳雇主500强排名、中国最佳雇主百强排名、各种级别企业文化荣誉称号、幸福企业示范单位等	现场	C	工作环境 领导方式 组织环境 生活愉悦	PERMA: M、A
	AB	10:00—11:00	顾客满意度过程	顾客满意度调查过程、年度调查结果、提高改进措施和落实等	销售市场部	C	工作环境 领导方式 组织环境 心理资本	PERMA: A
	AB	11:00—15:00	现场文件资料评审	文件资料评审：年度报告、年度社会责任报告、领导讲话报告、内部刊物、内部程序和制度文件、主要荣誉、影视宣传材料等	现场	C	工作环境 成长环境 人际关系 领导方式 组织环境 生活愉悦 心理资本	PERMA 心理资本
	AB	15:00—16:00	评估报告准备	评估报告	—	—	—	—
	AB	16:00—17:00	末次会议	沟通现场评估初步结果和后续安排	所有人	—	—	—

4.5　评估企业幸福体系

　　下述案例企业的核心价值观是：和谐、专注、创新、敏捷、责任。企业的价值观具备了积极组织行为的特征。企业内部实施了积极心理团体辅导提升企业团队幸福感和积极情绪的实证研究，实证结果证明，对团队成员进行结构化的积极心理学的团体辅导，同时进行提高积极情绪的实践练习，对于提高团队的幸福感、提高积极情绪、抑制消极情绪有明显作用，3 个月后的追踪测量结果显示，积极心理团体辅导的成效能够在一段时间内得到有效维持。利用积极心理团体辅导提高员工幸福感和积极情绪是促进企业的积极组织行为的有效方式，这对于组织和员工双方而言是一个双赢的结果。在实证研究的基础上，按照《企业幸福指数评价标准》对企业进行了模拟评估，评估依据为企业的相关管理过程和基本信息资料。

4.5.1　企业幸福指数评估案例

　　按照过程方法和《企业幸福指数评价标准》评估，评估结果展示如下：企业幸福指数评价总得分 81.91（见图 4-16），由 7 个一级指标使用加权平均方法计算，并加上加分项分值得到（见图 4-17）。7 个一级指标下的 38 个二级指标的评估分值如图 4-18 ~ 图 4-24 所示。因为本标准没有规定分值对应的幸福等级，例如不及格、及格、良好、优秀等，所以不做进一步阐述。在完成企业幸福指数评估后，评估得出的结果是后续制定基于过程方法的改进措施的输入前提，持续改进措施的方案和与积极组织行为的关系在下面阐述。

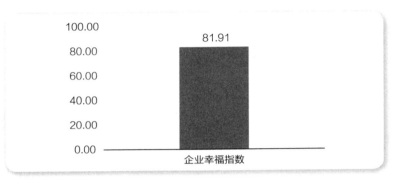

图 4-16　企业幸福指数

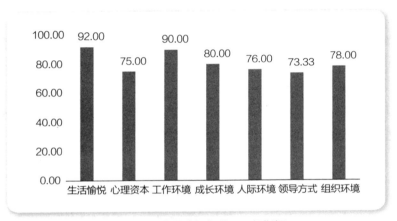

图 4-17　企业幸福指数：一级指标

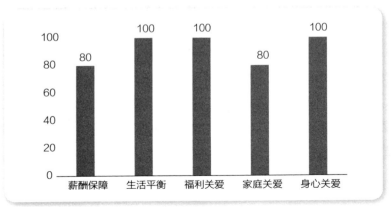

图 4-18　企业幸福指数：生活愉悦的二级指标

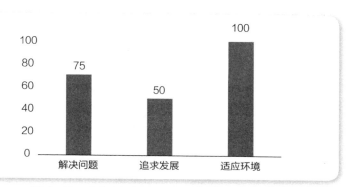

图 4-19　企业幸福指数：心理资本的二级指标

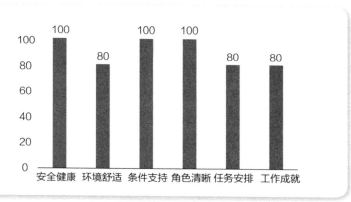

图 4-20　企业幸福指数：工作环境的二级指标

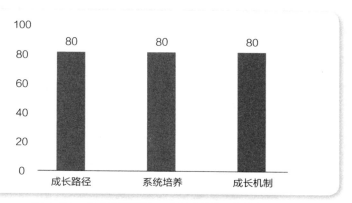

图 4-21　企业幸福指数：成长环境的二级指标

幸福企业

基于积极心理学的幸福体系构建指南

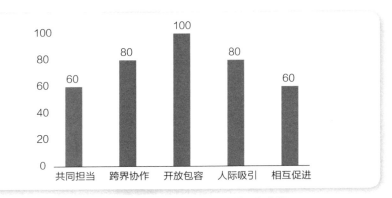

图 4-22　企业幸福指数：人际环境的二级指标

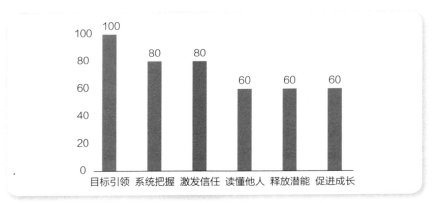

图 4-23　企业幸福指数：领导方式的二级指标

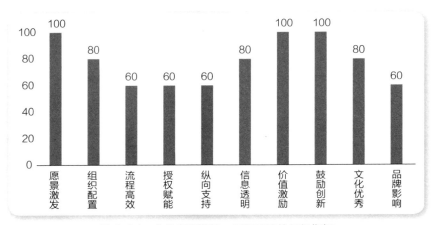

图 4-24　企业幸福指数：组织环境的二级指标

4.5.2　基于过程方法对企业幸福指数评价结果采取改进措施的方法

企业幸福指数评价结果能够给企业提供目前企业幸福指数的现状，这对于组织管理实践有重要的基础指向意义。组织能够根据 7 个一级指标和 38 个二级指标的实际评估结果制定相应的改善措施以提高将来的分值，为组织的幸福建设提供了清晰的绩效指标。持续改善是 ISO 9001 等国际标准管理体系的拿手好戏，过程方法结合了 PDCA 循环与基于风险的思维。表 4-5 是依据过程方法和企业幸福指数评价分值制定的企业幸福指数改进措施过程表，这与 ISO 9001 等国际标准管理体系的体系审核有较大区别，后者依据审核结果的不符合项采取纠正措施或改进机会式的改进方式。《企业幸福指数评价标准》提供了一种更为积极主动和内容广泛的供组织持续改善幸福现状的指南。

表 4-5　企业幸福指数改进措施过程表

一级指标	评估分值	二级指标	评估分值	改进措施	措施验证	负责人
工作环境（本部分占总权重 13.34%）	90.00	安全健康	100	……	……	×××
		环境舒适	80	……	……	×××
		条件支持	100	……	……	×××
		角色清晰	100	……	……	×××
		任务安排	80	……	……	×××
		工作成就	80	……	……	×××
成长环境（本部分占总权重 13.34%）	80.00	成长路径	80	……	……	×××
		系统培养	80	……	……	×××
		成长机制	80	……	……	×××

（续）

一级指标	评估分值	二级指标	评估分值	改进措施	措施验证	负责人
人际环境 （本部分占总权重 13.33%）	76.00	共同担当	60	……	……	×××
		跨界协作	80	……	……	×××
		开放包容	100	……	……	×××
		人际吸引	80	……	……	×××
		相互促进	60	……	……	×××
领导方式 （本部分占总权重 13.33%）	73.33	目标引领	100	……	……	×××
		系统把握	80	……	……	×××
		激发信任	80	……	……	×××
		读懂他人	60	……	……	×××
		释放潜能	60	……	……	×××
		促进成长	60	……	……	×××
组织环境 （本部分占总权重 13.33%）	78.00	愿景激发	100	……	……	×××
		组织配置	80	……	……	×××
		流程高效	60	……	……	×××
		授权赋能	60	……	……	×××
		纵向支持	60	……	……	×××
		信息透明	80	……	……	×××
		价值激励	100	……	……	×××
		鼓励创新	100	……	……	×××
		文化优秀	80	……	……	×××
		品牌影响	60	……	……	×××

（续）

一级指标	评估分值	二级指标	评估分值	改进措施	措施验证	负责人
生活愉悦（本部分占总权重 13.33%）	92.00	薪酬保障	80	……	……	×××
		生活平衡	100	……	……	×××
		福利关爱	100	……	……	×××
		家庭关爱	80	……	……	×××
		身心关爱	100	……	……	×××
心理资本（本部分占总权重 20%）	75.00	解决问题	75	……	……	×××
		追求发展	50	……	……	×××
		适应环境	100	……	……	×××

4.6　基于过程方法和 PDCA 循环构建企业幸福体系的途径

关于企业幸福与积极组织行为的关系，从《企业幸福指数评价标准》中可以知道，积极组织行为的核心概念心理资本仅是企业幸福指数 7 个一级指标之一，所以企业幸福的概念包含了积极组织行为，前者比后者范围更大。基于积极心理学理论的发展，弗雷德·卢桑斯提出了积极组织行为学概念，积极组织行为学研究的主要任务是在工作中发挥人的优势，而不仅仅是管理他们的缺点，组织通过干预措施干预心理资本可以提高个体的工作绩效。心理资本是积极组织行为学的核心概念，指个体在成长和发展过程中表现出来的一种积极心理状态，包括积极心理学的希望、自我效能、韧性、乐观等。在完成企业幸福指数评估后，评估得出的结果是后续制定基于过程方法的改进措施的输入前提，同时也给积极组织行为评估提供了一个有效的基础。7个一级指标可以按照积极组织行为的三个层次分类并计算出分值：个人行为（生活愉悦、心理资本）、群体行为（工作环境、成长环境、人际环境、领导方式）、组织行为（组织环境），可以为积极组织行为的评估提供一个参考（见图4-25），这里需要提醒的是，以上这种评估积极组织行为的方式是按照组织行为学的个人、群体和组织三个层次的定义进行的，这个评估方式与卢桑斯的积极组织行为学的定义仅仅关注干预心理资本从而提高工作绩效的评估有较大的区别，这种个人、群体和组织的三层次全方位的评估更有助于企业幸福体系的构建。

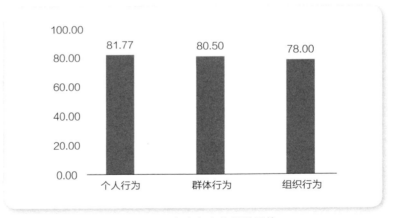

图4-25　积极组织行为指数评估

积极心理团体辅导理论提出的结构化团体过程分为五个阶段，分别为准备阶段、初始阶段、过渡阶段、工作阶段、结束阶段。该理论中的结构化团体过程方法是各种组织实践积极心理学的十分有效的工具方法，过程是将PERMA理论的五要素与目标幸福连接在一起的桥梁。依据积极心理团体辅导理论，对组织行为中员工个人行为和群体行为进行积极干预的实证研究表明，可以提高团队整体的心理资本、幸福感和积极情绪，从而可为促进积极组织行为的构建打下坚实的基础。

通过基于积极心理团体辅导的过程方法来构建积极组织行为，在提升幸福指数的一级指标心理资本的同时，对于最终企业幸福指数的提升有重要贡献。除了企业幸福指标的心理资本这个一级指标外，标准中的其他 6 个一级指标也是幸福企业建设的重要支撑。《企业幸福指数评价标准》给幸福企业建设提供了明确的指导，该标准在积极组织行为的个人、群体和组织三个层次上的关键要素提供了可供测量和评估的方法。管理体系国际标准的过程方法为企业幸福指数评价的实施提供了有效的工具。基于过程方法和按照《企业幸福指数评价标准》的要求模拟评估了某企业的幸福指标，提出了一种制定企业幸福指数改进措施过程表的方法。通过应用积极心理团体辅导理论来构建积极组织行为的过程方法，在提升幸福指数的一级指标心理资本的同时，对于最终的企业幸福指数的提升也有很重要的作用。

本书提出了一种基于过程方法和 PDCA 循环构建企业幸福体系的途径（见图 4-26）。这个全新的途径为企业幸福体系的建立提供了一个可操作的有效方法。这一途径覆盖了构建企业幸福体系的五个关键分目标，并将图 1-6 中展示的"目标与关键结果"包含其中，以下是关于这个途径的详细阐述。基于过程方法和 PDCA 循环构建企业幸福体系的途径有五个核心过程：企业幸福体系构建项目计划；项目团队与项目执行；企业幸福体系指数现状评价；企业幸福体系指数改进措施；企业幸福体系指数重新评价。过程 4 "企业幸福体系指数改进措施"分为两个方向，一个是企业幸福基础的改进，包括了积极组织行为和积极心理团体辅导，目标是改善心理资本和其他积极心理能

幸福企业
基于积极心理学的幸福体系构建指南

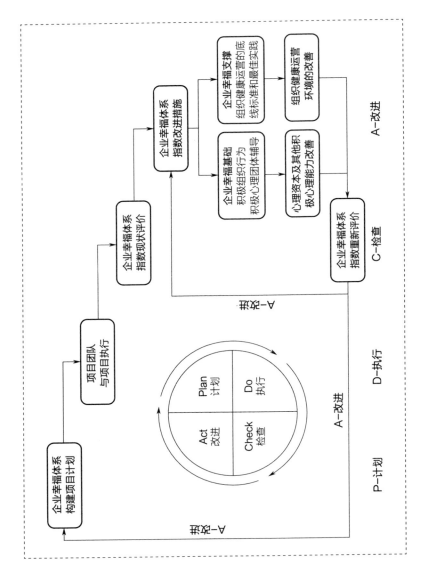

图4-26 基于过程方法和PDCA循环构建企业幸福体系的途径

192

力；另一个方向是企业幸福支撑的改进，包括了组织健康运营的底线标准和最佳实践，目标是组织健康运营环境的改善。过程 1 到过程 5 按照过程方法互为输入和输出关系，过程 5 "企业幸福体系指数重新评价" 的输出结果反馈回过程 1 "企业幸福体系构建项目计划" 和过程 4 "企业幸福体系指数改进措施"，形成 PDCA 循环的闭环持续改进过程。过程 1 到过程 5 形成了 PDCA 循环的关键要素。在这个途径中过程 3 "企业幸福体系指数现状评价" 就涉及企业幸福体系评价准则的选择。这个评价准则不是唯一的，可以根据企业的实际情况选择合适的评价标准，这也是企业幸福体系和积极心理学理论未来发展可以考虑的研究领域。过程 4 "企业幸福体系指数改进措施" 的两个方向，一个是企业幸福基础的改进，侧重点是改善心理资本和其他积极心理能力，并提升个人的幸福感，这是积极心理学和积极心理团体辅导发挥关键提升作用的着力点；另一个方向是企业幸福支撑的改进，侧重点包括组织健康运营的管理体系建设，并改善组织运营环境的可持续性，这是传统的国际管理体系系列标准和幸福体系评价标准能够发挥重要作用的着力点。强调组织可持续运营环境的改进，也是追求企业幸福与追求个人幸福最大的区别所在：追求企业幸福不仅仅应该考虑个人幸福的问题，也要考虑组织可持续运营环境对个人幸福和企业幸福的关键支撑作用。

企业幸福体系指数改进措施的两个方向，也避免了人在认知方面两种常见的错误倾向："手中有一把锤子的人，看见所有的对象都是钉子""别人已经有合适的轮子的时候，自己还要重复去发明轮子"。第一种错误倾向是指寄希望于积极心理学解决企业目前所有的问题，忽略了积极心理学的局限性；第二种错误倾向是指掌握了积极心理学追求个人幸福和企业幸福的方法后，忽略了其他已经实践取得了卓越成效的管理方法和工具。基于过程方法和 PDCA 循环构建企业幸福体系的途径就综合了积极心理学、积极组织行为学、积极心理团体辅导、各种国际管理体系标准，以及过程方法和 PDCA 循环等。各种理论和方法相互之间取长补短，构建起有效的企业幸福体系。

本章要点

1. 构建企业幸福体系是一种底线标准和最佳实践的模式，底线标准是目前广泛应用的管理体系标准系列，奠定了组织健康运营的基底，最佳实践是组织追求卓越表现和基业长青的途径。幸福企业没有确切的衡量标准，但是企业幸福体系却是可以衡量的。

2. 企业幸福指数评价结果能够给企业提供其幸福指数的现状，这对于组织管理实践有重要的基础指向的意义。组织能够根据工作环境、成长环境、人际环境、领导方式、组织环境、生活愉悦、心理资本指标的实际评估结果制定相应的改善措施。基于过程方法和 PDCA 循环，企业幸福指数评价标准提供了一种更为积极主动和内容广泛的供组织持续改善幸福现状的指南。

3. 在过程方法和 PDCA 循环的基础上提出了一种构建企业幸福体系可操作的途径，包括了五个核心过程：企业幸福体系构建项目计划；项目团队与项目执行；企业幸福体系指数现状评价；企业幸福体系指数改进措施；企业幸福体系指数重新评价。企业幸福体系指数改进措施分为两个方向，一是企业幸福基础的改进，包括积极组织行为和积极心理团体辅导，目标是改善心理资本和其他积极心理能力；二是企业幸福支撑的改进，包括组织健康运营的底线标准和最佳实践，目标是组织健康运营环境的改善。

第 5 章
积极心理学构建企业
幸福体系的实践

"我一直相信,机会是靠争取得来的。再好的构想都存在缺陷,即使是再普通不过的计划,只要你确实执行并且继续发展,所取得的效果会比半途而废的好计划要好很多,因为前者会贯彻始终,而后者却前功尽弃。"

——约翰·洛克菲勒

5.1 积极心理学在企业实践的模式和层次

将积极心理学理论应用到企业实践，本章在实践中提出了一种积极心理学在企业构建幸福体系中应用的架构模式，如图 5-1 所示。这种应用的架构模式包含了两个层次的应用模块：本书称之为企业幸福力 1.0 层次和企业幸福力 2.0 层次。企业幸福力 1.0 层次是积极心理学基础模块，针对不同的企业需求定制三个层次的积极心理团体辅导。初级层次即一小时的"企业的幸福第一课"，图 5-2 举例展示了一小时体验课程的方案设计；中级层次即一周的"企业的积极心理学初体验"，图 5-3 举例展示了一周实践体验课程的方案设计；高级层次即一个月的"幸福企业的积极心理团体辅导"，5.3 节中的表 5-2 举例展示了一个月的积极心理团体辅导课程的总体方案设计。企业幸福力 2.0 层次是积极心理学可选模块，这是在企业通过企业幸福力 1.0 层次的积极心理学基础模块的实践后，针对不同积极心理学实践的深层次需求，开发相应的高阶层培训课程，如冥想专念、音乐疗愈、快乐运动、24 项品格优势、积极组织、幸福 HR 等。

这里需要强调一下在基于过程方法和 PDCA 循环构建企业幸福体系的途径（见图 4-26）中，过程 4 "企业幸福体系指数改进措施"有两个。一是企业幸福基础的改进，侧重点是改善心理资本和其他积极心理能力，并提升个人的幸福感，这是积极心理学和积极心理团体辅导能发挥关键提升作用的着力点；二是企业幸福支撑的改进，侧重点包括了组织健康运营的管理体系建设，并改善组织的可持续运营环境，这是传统的国际管理体系系列标准和幸福体系评价标准能够发挥重要作用的着力点。本章提出的积极心理学在企业构建幸福体系中应用的架构模式是企业幸福体系指数改进措施的第一个方向。

构建企业幸福体系本质上是一个管理问题，正如斯图尔特·克

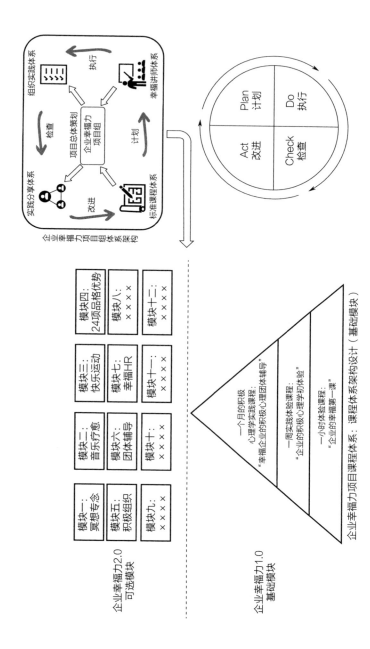

图 5-1　积极心理学在企业构建幸福体系中应用的架构模式

- **课程主题**："企业的幸福第一课"
- **课程目标**：理解幸福的含义，学习幸福来源的科学基础和基于积极心理学理论的解释，初步了解一些获得幸福的实践方法，最后带出幸福与现代积极心理学理论的关系
- **课程的设计**：

  1. 破冰练习
  2. 什么是幸福
  3. 幸福产生的科学基础
  4. 与幸福有关的有趣的心理学实验
  5. 关于幸福的互动练习
  6. 获得幸福的实践方法
  7. 关于获得幸福的互动练习
  8. 积极心理学PERMA理论
  9. 幸福与福流
  10. 课后推荐用于拓展知识的电影、书籍等

图 5-2　一小时体验课程的方案设计（举例）

- **课程主题**："企业的积极心理学初体验"
- **课程目标**：理解幸福的科学基础和基于积极心理学理论的解释，初步掌握提高积极情绪和幸福感的积极心理学实践方法，为构建积极组织和提高组织幸福力打下基础
- **课程设计**：

第一次课：2小时
1. 破冰练习
2. 负面偏差的概念
3. 习得性乐观，归因理论
4. 积极的自我评价
5. 积极心理学PERMA理论
6. 积极情绪（含迪香式微笑）
7. 24项性格优势
8. 助人与感恩
9. 感恩练习
10. 前测

一周积极实践：
1. 每日记录3件好事
2. 每日锻炼30分钟
3. 一部电影或一本书

一周后第二次课：2小时
1. 积极情绪练习
2. 福流
3. 积极实践的心得体会反馈
4. 运动改造大脑
5. 专念与冥想
6. 坚毅和刻意练习
7. 冥想小练习
8. 迪香式微笑合影
9. 后测

图 5-3　一周实践体验课程的方案设计（举例）

雷纳的管理名言："管理只有永恒的问题，没有终结的答案。"任何管理问题的解决都没有标准答案可循，解决管理问题要在相关理论的指导下持续不断地实践，解决问题的结果就是要在实践中达成目标而成事。彼得·德鲁克说过："管理是一种实践，其本质不在于'知'而在于'行'；其验证不在于逻辑，而在于成果；其唯一权威是成就。"积极心理学必须扎根于企业实践才有生命力和实际意义，构建企业幸福体系的目标必须在实践中才能达成，基于过程方法和 PDCA 循环构建企业幸福体系的途径就是达成目标的关键方法。本章将在下面展示积极心理团体辅导在企业实践中的案例，为企业提供实践指南。

5.2　一周积极心理团体辅导案例

5.2.1　项目方案设计和概述

- **项目名称**：积极心理团体辅导提升企业团队幸福感和心理资本的实证研究项目。
- **项目目标**：提升团队的积极情绪和心理资本。
- **辅导对象**：团队 16 人作为干预组，无对照组。
- **项目阶段**：共一周，前测调查—两次团体辅导和一周积极心理学实践干预练习—后测调查。图 5-3 展示了基于积极心理团体辅导的一周实践体验课程的方案设计。
- **前后测评量表**：帕沃特和迪纳 1993 年设计的《生活满意度量表》，卢桑斯等 2004 年设计的《心理资本量表》（PCQ-24）。
- **实证研究方法**：实验法包括前后测评、积极心理团体辅导、积极心理实践等。
- **理论依据**：积极心理学理论和积极组织行为学。

5.2.2 实证研究结果

干预组前后测的比较（见表 5-1）：对比干预组前测与后测的测评分数，全体团队的平均值，幸福感分值由 4.43 提高到 5.70，提高了 28.7%（见图 5-4）；心理资本综合分值由 26.79 提高到 30.54，提高了 14.0%（见图 5-5）。心理资本四个分项分值中：自我效能由 27.00 提高到 31.67，提高了 17.3%；希望由 25.67 提高到 31.00，提高了 20.8%；韧性由 28.17 提高到 32.33，提高了 14.8%；乐观由 27.33 降低到 27.17（见图 5-6）。幸福感分值前后测比较差异显著[一]；心理资本综合分值前后测比较差异不显著。心理资本四个分项分值前后测比较差异显著性如下：自我效能差异不显著；希望差异显著；韧性差异不显著；乐观差异不显著。前测与后测分值的比较结果，经过积极心理团体辅导和积极实践练习，幸福感显著提高，心理资本有所提高，但差异不显著，四个分项值变化的显著性出现分歧，只有希望前后测有显著的提高，自我效能、韧性和乐观的提高差异并不显著。究其原因，一周的积极心理团体辅导只有两次辅导课程和一周的积极心理实践打卡，积极心理体验的深度不足。心理资本的自我效能、韧性和乐观的提升需要从积极心理团体辅导的方案设计和积极心理实践的环节进行更有针对性的改进，加大实践环节的深度。

表 5-1　企业团队幸福感和心理资本前后测比较

	前测	后测	t 检验 p 值
幸福感	4.43	5.70	0.0197
心理资本	26.79	30.54	0.0797
自我效能	27.00	31.67	0.0875

[一]　$p < 0.05$ 为显著。

（续）

	前测	后测	t 检验 p 值
希望	25.67	31.00	0.0293
韧性	28.17	32.33	0.1486
乐观	27.33	27.17	0.9436

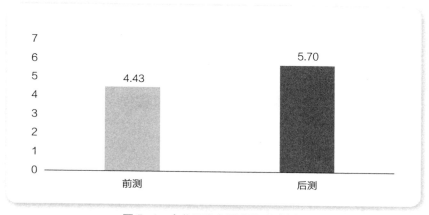

图 5-4　企业团队幸福感前后测比较

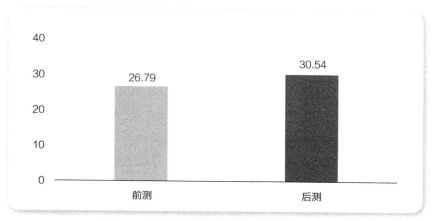

图 5-5　企业团队心理资本前后测比较：综合值

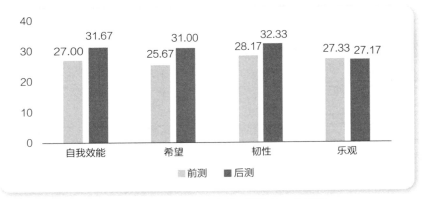

图 5-6　企业团队心理资本前后测比较：分项值

5.3　一个月的积极心理团体辅导案例

5.3.1　项目背景

最近几年，心理健康管理逐渐成为企业的环境健康与安全管理中健康管理的重要职能之一。在过去几十年内，企业的健康管理一般侧重于法律底线的要求，例如：职业健康方面的法律要求，职业病的预防和应对。但是这种趋势正在慢慢地转变到关心和关爱员工的心理健康等方面，特别是 2019 年年底的全球新冠疫情给全世界的企业的健康管理提出了前所未有的挑战。案例企业的核心价值观是：和谐、专注、创新、敏捷、责任，该价值观体现了弗雷德·卢桑斯提出的积极组织行为的组织特征。企业的环境健康与安全团队人员分布在十几个城市，中国有数百个现行有效的环境健康与安全领域的国家法律、法规和标准，严格的法律要求对团队的工作提出严峻的考验。特别是 2020 年肆虐全球的新冠疫情，给团队的工作带来极大的挑战和全新的压力，员工的心理健康问题是公司的关注重点。团队在日常工作中面临很多突发事件，工作压力很大。工作中一旦沟通有问题，员工面临的是冲突和争吵的困境。团队员工一般是理工科专业，特长是专业和技术能力，一般在压力处理、情绪管理、人际沟通、冲突管理等软技能方面普遍欠缺。大家在日常工作中普遍压力大、挑战多，在突发事件中会有紧张烦躁的负面情绪，如果没有很好的解压能力和强大的面对挑战的勇气，就会给工作带来较大的负面影响。本实证研究将依据积极心理团体辅导的理论，对团队进行积极心理团体辅导，通过积极干预和实践，提高团队整体的幸福感和积极情绪。

5.3.2　实证研究的方案设计

1. 项目概述

- **项目名称**：积极心理团体辅导提升企业团队幸福感和积极情绪的实证研究。
- **项目目标**：提升团队的积极情绪和幸福感。
- **辅导对象**：32 人作为干预组，32 人作为对照组。
- **项目阶段**：共 150 天，前测调查—4 次单元辅导和积极心理学实践干预练习—后测调查—3 个月后追踪测。总部在线辅导，成员在各地实践。图 5-7 展示了基于积极心理团体辅导过程方法设计的项目实施路线图。
- **前后测评量表**：帕沃特和迪纳 1993 年设计的《生活满意度量表》，沃特森、卡拉克和特内根等 1988 年设计的《积极情绪和消极情绪量表》。
- **实证研究方法**：实验法包括前后测评、积极心理团体辅导、积极心理实践等。
- **理论依据**：积极心理学理论和积极组织行为学。

2. 基于积极心理团体辅导设计的项目总体方案网络过程图

项目方案的团体目标、理论依据、团体过程、实践与测量关系网络设计图（见图 5-8）展示了积极心理学理论、团体辅导理论在

幸福企业
基于积极心理学的幸福体系构建指南

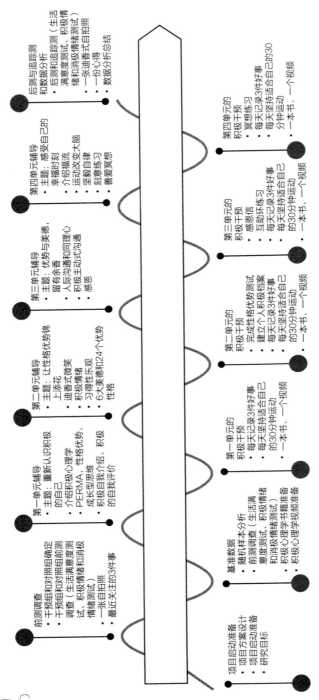

图 5-7 基于积极心理团体辅导过程方法设计的项目实施路线图

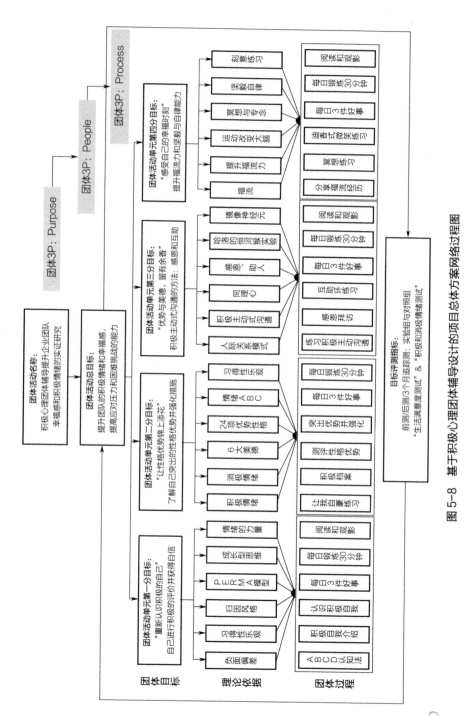

图 5-8 基于积极心理团体辅导设计的项目总方案网络过程图

项目中的应用。

3．项目的总体方案设计

项目的总体方案设计（见表 5-2）展示了项目总目标分解到四次单元辅导的单元分目标、每一个单元辅导具体实现的方案设计、每一个单元的实践和测量用到的方法和工具。

5.3.3　项目实施过程的监测

1．项目成员前测后测与实践完成率

干预组和对照组完成项目前测和后测任务，干预组参加 4 次单元辅导，干预组完成课后积极心理学实践练习。成员所有 10 项实践练习的总体平均完成率为 75%，总体完成率属于良好，具体完成率情况统计如图 5-9 所示。

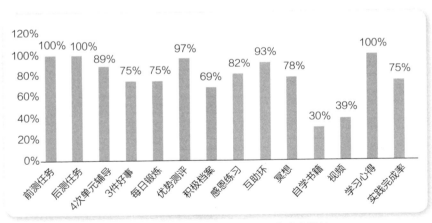

图 5-9　项目成员前测后测与实践完成率统计

前测干预组和对照组的生活满意度测评、积极情绪和消极情绪测评，完成率 100%；后测干预组和对照组的生活满意度测评、积极情

表 5-2　项目的总体方案设计

团体辅导名称	项目总目标	单元名称	单元分目标	单元实现步骤	方法和工具
积极心理体辅导提升企业团队幸福感和积极情绪的实证研究	提升团队的积极和幸福感，提高应对压力和困难的挑战的能力	前测单元	建立基准生活满意度和积极情绪数据	量表测评	"生活满意度测试""积极情绪和消极情绪测试"
		第一单元 "重新认识积极的自己"	理解负面偏差及其产生原因，学习积极心理学的基本理论，获得自信	破冰练习：最近关注的 3 件事情 内容：负面偏差，习得性乐观，乐观归因与悲观归因，积极情绪，成长型思维 视频分享和分组练习：积极的自我介绍和评价	每天记录 3 件好事，每天运动 30 分钟，一本书与一部相关的电影
		第二单元 "让性格优势锦上添花"	掌握应对负面情绪的认知方法，通过测评找出性格优势并采取强化措施，发掘性格中闪光点	破冰练习：幽默的片段 内容：积极情绪，情绪 ABC 理论，ABCD 法则，提升积极情绪，迪香式微笑，6 大美德和 24 个优势性格 视频分享和分组练习：让我自豪和突出的性格优势	优势性格测评、积极档案、每天记录 3 件好事、每天运动 30 分钟、一本书和一部电影
		第三单元 "优势与美德，留有余香"	掌握积极主动式沟通的方法，要想获得幸福，需要理解他人，感谢他人和帮助他人	破冰练习：分享突出性格优势 内容：人际沟通，自我认知与人际认知，哈洛的恒河猴实验，同理心和镜像神经元，积极主动沟通方式的练习 播放视频和分组练习：积极主动式沟通、感恩	感恩拜访、每天记录 3 件好事、每天运动 30 分钟、一本书和一部电影
		第四单元 "感受自己的幸福时刻"	掌握福流、坚毅与自律对幸福，运动改变大脑、冥想与专念等，提升幸福的能力	破冰练习：积极档案 福流：福流 3 个条件、福流力、冥想与专念、坚毅与自律、刻意练习、运动改变大脑、冥想与福流 播放视频和分组练习：福流经历和冥想	冥想练习、每天记录 3 件好事、每天运动 30 分钟、一本书和一部电影
		后测单元/3 个月追踪检测	后测生活满意度和积极情绪数据	量表测评	"生活满意度测试""积极情绪和消极情绪测试"

绪和消极情绪测评，完成率100%；成员完成了一份5句话的学习心得体会，完成率100%。各项积极心理实践练习的完成情况：4次单元辅导，完成率89%，总体优良，为课后实践练习打下了良好基础。每日记录3件积极的事，在要求每日打卡的30天内，总体平均完成率达到75%，反馈可以看出大家参与的积极性很高；每日锻炼30分钟，在要求每日打卡的30天内，总体平均完成率达到75%；性格优势测评和强化突出优势练习，完成率97%。积极档案完成率69%，感恩练习完成率82%，互助环练习完成率93%，冥想专念练习完成率78%，阅读4本积极心理学著作完成率30%，观看4部积极心理学相关电影完成率39%，成员平时工作比较忙，而完成阅读和观影作业需要占用大量业余时间，所以短期内完成率不高。

2．干预组成员对积极心理学实践练习的评价

干预组参加4次单元辅导，完成课后积极心理学实践练习。对于线上团体单元辅导和线下积极心理学实践练习，成员对积极心理学的各项实践练习进行了评价，干预组成员对各项实践练习的评价结果如图5-10所示。总体感觉平均分4.23分，大家普遍认为积极心理学实践练习比较有用，符合实际，具备企业实战的价值。大家最为认可的5个实践练习是：4次单元辅导（4.69分）、每日锻炼（4.53分）、每日记录3件积极的事（4.44分）、性格优势（4.31分）、心得（4.25分）。实践练习评分低于平均分的有积极档案（4.16分）、互助环（4.13分）、阅读（4.06分）、感恩（4.06分）、观影（3.97分）、冥想（3.94分）。所有分数都超过了3分，成员普遍认为所有的实践练习都是有用的。按照成员对积极心理学实践练习总体评价帕累托分布图分析（见图5-11）。从成员评价结果看项目选取的积极心理实践练习符合项目设计预期，总体有效。

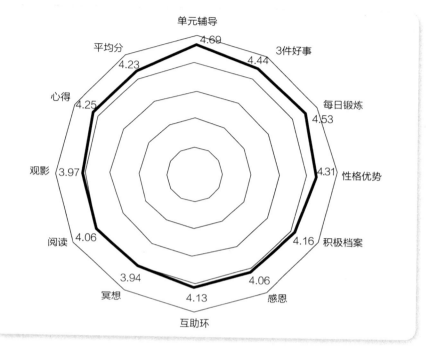

图 5-10 干预组成员对积极心理学各项实践练习的评价

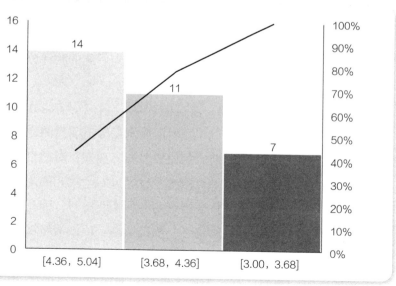

图 5-11 成员对积极心理学实践练习总体评价帕累托分布图

5.3.4 实证研究的结果

1．前测和后测结果的比较

表 5-3 展示了干预组和对照组前测与后测生活满意度（表格中描述为幸福感）、积极情绪和消极情绪的综合统计结果，数据表中干预组与对照组前测与后测的平均值、标准差，t 检验 p 值，均列出。

表 5-3　干预组和对照组前测与后测数据统计

	前测		后测		t 检验 p 值
	平均值	标准差	平均值	标准差	
幸福感（干预组）	4.77	1.07	5.38	0.81	0.0005
幸福感（对照组）	4.93	1.08	4.99	1.05	0.6877
积极情绪（干预组）	2.98	0.54	3.71	0.45	0.0000
积极情绪（对照组）	3.11	0.50	3.18	0.47	0.2905
消极情绪（干预组）	2.03	0.58	1.64	0.34	0.0001
消极情绪（对照组）	1.87	0.51	1.82	0.65	0.4512

对照组前后测的比较：对比对照组前测与后测的测评分数，全体团队的平均值，生活满意度分值由 4.93 变为 4.99，变化率 1.2%；积极情绪分值由 3.11 变为 3.18，变化率 2.3%；消极情绪的分值由 1.87 变为 1.82，变化率 −2.7%。对照组生活满意度分值前后测比较差异不显著；对照组积极情绪分值前后测比较差异不显著；对照组消极情绪分值前后测差异不显著。由于对照组没有经过四个单元的团体积极心理学辅导，并积极实践提高积极情绪的各种实践练习，因此，从其前测与后测的结果比较来看，幸福感、积极情绪、消极情绪没有发生明显的变化。

干预组前后测的比较（见图 5-12）：对比干预组前测与后测的

测评分数，全体团队的平均值，生活满意度分值由 4.77 提高到 5.38，提高了 12.8%；积极情绪分值由 2.98 提高到 3.71，提高了 24.5%；消极情绪的分值由 2.03 降低到 1.64，降低了 19.2%；积极情绪分值与消极情绪分值比例由 1.47 提高到 2.26，提高了 53.7%。幸福感分值前后测比较差异显著；积极情绪分值前后测比较差异显著；消极情绪分值前后测比较差异显著。从前测与后测分值的比较结果来看，干预组经过团体积极心理学辅导和积极实践练习，幸福感显著提高，积极情绪显著提高，消极情绪显著降低。

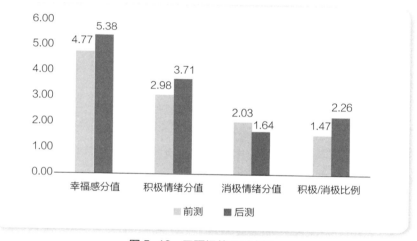

图 5-12　干预组前后测比较

前后测的积极情绪与消极情绪比例比较：对于对照组，前测积极情绪与消极情绪比例 1.66 : 1，后测 1.75 : 1；对于干预组，成员在经过团体辅导和积极心理学实践后，积极情绪与消极情绪比例由辅导前的 1.47 : 1 变为 2.26 : 1，相比对照组的前后测比例，干预组的前后测比例更接近洛萨达比例 2.90 : 1（见图 5-13）。按照洛萨达比例法则，一个人、一个团队、一个组织中，积极情绪和消极情绪的比例如果能够达到或超过 2.90 : 1，那么就会发展得越来越好，欣欣向荣。

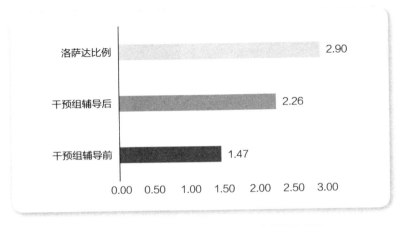

图5-13　干预组积极情绪/消极情绪比例变化图

2．幸福感提高率、积极情绪提高率、消极情绪降低率与积极干预实践完成率的相关性

用 SPSS 软件分析团体成员完成积极心理单元团体辅导和课后实践练习完成情况与团体成员的幸福感、积极情绪和消极情绪的改变情况相关性（见表5-4）。本项目团体辅导主要用到的积极心理学的干预方法有11种：4次单元团体辅导、每日记录3件好事、每日锻炼、积极档案、性格优势、感恩练习、互助环、冥想、阅读书籍、观看电影、学习心得。经过相关性分析，结果如下。

（1）幸福感提高率与实践练习总体完成率有接近显著的高相关性；积极情绪提高率与实践练习总体完成率有不显著的低相关性；消极情绪降低率与实践练习总体完成率有不显著的低相关性。幸福感提高率与消极情绪降低率有显著的高相关性，幸福感提高率与积极情绪提高率有不显著的低相关性。

（2）具体的积极实践练习完成率与幸福感提高率的相关性：相关性最高的是4次单元团体辅导（显著性相关），其次是感恩练习、积

表 5-4　幸福感提高率、积极情绪提高率、消极情绪降低率与积极干预实践完成率的相关性

使用统计软件 SPSS 的相关性分析（N=32）

		幸福感提高率	积极情绪提高率	消极情绪降低率	实践总完成率	4次单元团体辅导	每日记录3件好事	每日锻炼	性格优势	积极档案	感恩练习	互助环	冥想	阅读书籍	观看电影	学习心得
幸福感提高率	Pearson 相关性	1														
积极情绪提高率	Pearson 相关性	0.285	1													
消极情绪降低率	Pearson 相关性	0.527**	0.107	1												
实践总完成率	Pearson 相关性	0.345	0.046	0.051	1											
4次单元团体辅导	Pearson 相关性	0.362*	0.010	0.017	0.700**	1										
每日记录3件好事	Pearson 相关性	0.165	0.099	**0.162**	0.609**	0.342	1									
每日锻炼	Pearson 相关性	−0.005	−0.266	0.079	0.411*	0.060	0.237	1								
性格优势	Pearson 相关性	0.098	0.179	−0.154	0.595**	0.498**	0.404**	−0.200	1							
积极档案	Pearson 相关性	0.306	−0.141	0.113	0.805**	0.470**	0.392**	0.530**	0.294	1						
感恩练习	Pearson 相关性	0.337	0.157	0.014	0.833**	0.688**	0.415*	0.283	0.428**	0.549**	1					
互助环	Pearson 相关性	0.216	**0.298**	0.023	0.691**	0.388**	0.494**	0.037	0.773**	0.373*	0.483**	1				
冥想	Pearson 相关性	0.206	0.008	−0.084	0.708**	0.262	0.284	0.248	0.374**	0.537**	0.672**	0.532**	1			
阅读书籍	Pearson 相关性	0.166	−0.010	0.082	0.394*	0.327	−0.089	0.216	0.044	0.365*	0.339	0.171	0.349	1		
观看电影	Pearson 相关性	0.142	0.080	−0.020	0.163	0.245	0.172	−0.149	0.251	0.030	−0.009	0.126	−0.256	−0.328	1	
学习心得	Pearson 相关性	a	a	a	a	a	a	a	a	a	a	a	a	a	a	a

注：**，在 .01 水平（双侧）上显著相关；*，在 0.05 水平（双侧）上显著相关；a，因为至少有一个变量为常量，所以无法进行计算。

极档案、互助环、冥想、阅读书籍、每日记录 3 件好事、观看电影、性格优势。

（3）具体的积极实践练习完成率与积极情绪提高率的相关性：相关性最高的是互助环，其次是性格优势、感恩练习、每日记录 3 件好事、观看电影、4 次单元团体辅导。

（4）具体的积极实践练习完成率与消极情绪降低率的相关性：相关性最高的是每日记录 3 件好事，其次是积极档案、阅读书籍、每日锻炼、互助环、4 次单元团体辅导、感恩练习。

在相关性分析中，使用的指标实践练习总体完成率只体现了完成数量，积极实践作业中的完成质量并没有在完成率中体现，在实际实践过程中，大多数成员完成实践的质量良好。实践练习总体完成率只是实践结果的一个重要因素，还应该有其他因素对实践结果起到重要作用，例如：成员的经验、技能水平、个人性格优势、工作和生活环境的差异等，这些影响因素在本项目中没有研究。

3.3 个月后的追踪测结果

在积极心理团体辅导结束 3 个月后，对项目成员进行第三次追踪测量，这是验证项目成员能否在一段时间内保持在团体辅导中取得的提高幸福感和积极情绪、抑制消极情绪成果的有效方法。表 5-5 是前测、后测和追踪测的均值统计数据表，展示了干预组和对照组幸福感、积极情绪和消极情绪 3 次测量的均值结果和方差值。用 SPSS 对测量结果进行重复测试方差分析，多变量检验表中比莱轨迹的跟踪统计量最为稳健，因此，检验结果以此为准，分析出 F 值和 p 值，完成干预组和对照组的前测、后测和追踪测连续三次测量（幸福感、积极情绪和消极情绪）的组内显著性差异和组间显著性差异比较。对于干预组与对照组的组内两两比较，采用 t 检验 p 值的方法进行多重比较（前测比较、后测比较、追踪测比较），比较结果整合在表 5-6 中。

表 5-5　干预组与对照组的前测、后测和追踪测均值统计表

	前测		后测		3 个月后追踪测	
	平均值	标准差	平均值	标准差	平均值	标准差
幸福感（干预组）	4.67	1.03	5.40	0.82	5.47	0.89
幸福感（对照组）	4.91	1.10	4.95	1.06	5.17	0.99
积极情绪（干预组）	2.93	0.50	3.72	0.46	3.71	0.65
积极情绪（对照组）	3.12	0.51	3.19	0.49	3.43	0.62
消极情绪（干预组）	2.06	0.59	1.62	0.34	1.58	0.35
消极情绪（对照组）	1.87	0.51	1.80	0.62	1.69	0.50

表 5-6　干预组与对照组的前测、后测和追踪测检验分析统计表

	重复测试方差分析（F 检验）				组内两两比较（t 检验）		
	组内追踪		组间追踪		前测 –后测	前测 –追踪	后测 –追踪
	F 值	p 值	F 值	p 值	p 值	p 值	p 值
幸福感（干预组）	12.4313	0.0001	5.2360	0.0080	0.0000	0.0001	0.4995
幸福感（对照组）	1.2058	0.5535			0.7545	0.1546	0.1806
积极情绪（干预组）	38.7300	0.0000	19.4520	0.0000	0.0000	0.0000	0.9644
积极情绪（对照组）	3.3160	0.0510			0.3719	0.0148	0.0322

（续）

	重复测试方差分析（F检验）				组内两两比较（t检验）		
	组内追踪		组间追踪		前测–后测	前测–追踪	后测–追踪
	F值	p值	F值	p值	p值	p值	p值
消极情绪（干预组）	13.9900	0.0000	6.1350	0.0040	0.0000	0.0004	0.6165
消极情绪（对照组）	2.1690	0.1330			0.2997	0.0571	0.3151

从表5-6可见：幸福感在前测、后测、3个月追踪测三个时间节点存在显著差异（重复测试方差分析结果）；积极情绪在三个时间节点存在显著差异（重复测试方差分析结果）；消极情绪在三个时间节点存在显著差异（重复测试方差分析结果）。干预组前测、后测和追踪测的均值比较如图5-14所示，干预组与对照组前测、后测和追踪测（幸福感、积极情绪和消极情绪）的比较如图5-15~图5-17所示。统计结果显示，干预组成员经过积极心理团体辅导的干预后，在幸福感、积极情绪和消极情绪方面，不仅在辅导结束后显著性地提高了幸福感和积极情绪，降低了消极情绪，在3个月追踪测中，依然保持了与辅导前相比较为显著的变化，积极心理团体辅导的成效能够在较长的一段时间内得到维持。

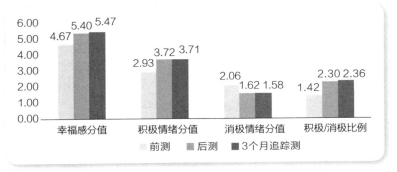

图5-14　干预组前测、后测和追踪测的均值比较图

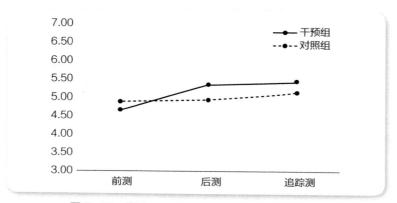

图 5-15　前测、后测和追踪测的比较图（幸福感）

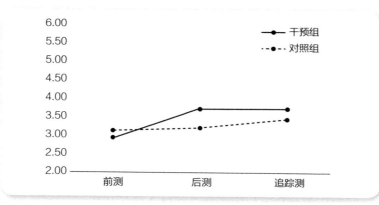

图 5-16　前测、后测和追踪测的比较图（积极情绪）

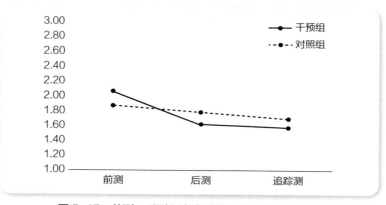

图 5-17　前测、后测和追踪测的比较图（消极情绪）

5.3.5　团体辅导的质性分析

1．项目团队积极心理学实践后的心得

经过积极心理学的单元辅导和积极实践练习，测量幸福感、积极情绪和消极情绪变化，通过统计计算和分析前测和后测比较结果，证明了积极心理学在提高企业员工幸福感和积极情绪的有效性结果。这种比较团体成员前测与后测总体平均分值的方法和结论更多的具有统计学上的意义。在管理实践中，企业更关注每一个成员个体的感受，以及是否能够真正提高应对压力和挑战的能力，这在企业管理中有实践意义。所以，每一位团体成员在完成积极心理学实践后真实的心得体会，在某种意义上比前后测均值比较的统计学上的成果更能检验和代表团体辅导项目的效果。如果员工提高了积极情绪和幸福感，企业最终能够提高组织绩效水平和经营业绩的成功，达到双赢的结果。

我们可以通过团体成员的心得体会了解他们最直接的感受，这些感受也是十分生动的指标。心得体会与标准量表最大的区别就是，团体成员可以不受标准量表问题的束缚，更自由地表达自己的感触，对于标准量表测量是很好的补充。为了展示后续的质性分析方法，部分团体成员们的心得体会举例如下，积极心理学相关的用词用**加粗字体**标注：

- 成员 1："开始**积极心理学**的学习之后，我开始**每天跳绳 15 分钟，散步 15 分钟**，精神状态一直保持良好，也体会到了**运动改变大脑**的状态；**每天 3 件积极事情**的分享，虽然没有做到每天都记录，但断断续续的记录已经让我有了一些心得，回看之前的记录能明显发现自己遇到的这些**积极**的事情，能明显提升自己的**幸福感**。培训时，同仁们提出了一个问题，说如果每天只记录 3 件积极的事情，不就是来麻痹自己吗？其实我开始的时候也有这样的疑虑，听了解释我才恍然大悟，生活中、工作中必然有**消极的情绪**，我们并不是要去消除它们，而是让我们自己更加去**关注积极**的一面，受益匪浅。"

- 成员 2："重新认识自己，更**积极**，充满**激情**，在以前看似一成不变的生活中寻找**积极快乐的情绪**，提高自己的兴趣，敢于改变；学会**感激**和去**帮助别人**，前者让自己感到**温暖**，后者让自己觉得**幸福**；了解了自己的**性格优势**，知道了自己一直以来的**乐观、自信及满足**叫**习得性乐观**，而不是**阿 Q 精神**，坚定要用自己的**性格优势**去更好地生活，去**帮助别人**；学会了如何在环境压力大、心里压抑、易怒的情况下，控制缓解自己，比如**冥想、做运动**，或是**专注沉浸**于自己喜欢的事情中去。"

- 成员 3："缺失了**消极情绪**，你会变得轻狂、不踏实、不现实；缺失了**积极情绪**，你则会在痛苦中崩溃。要学会**多倾听他人说话**，多了解**他人**的看法和心愿，多站在**别人的角度**看问题。一个人的**成功**专业知识只占 15%，其余 85% 来自**人际关系**；**运动改变大脑**；制定目标要和**技能**相对完美匹配。"

- 成员 4："通过学习**积极心理学**课程，我找到了更多**缓解压力**、获得**快乐**的方式。通过学习**积极心理学**课程，我找到了自己更多的**性格优势**，并学会了充分利用自己的**性格优势**，扬长避短。**积极心理**可以相互传染；**赞美、感恩和爱**，是双赢的；'纸上得来终觉浅，绝知此事要躬行'，除了自己学以致用，还将培训**他人**。"

- 成员 5："**迪香式微笑**很疗愈；将**感谢**的话说出来；老师用接地气的方法，让我们**快乐**又紧张地完成四节课，虽然只有 4 个小时，但台上十分钟，台下十年功，感受到了老师的用心准备；**要坚持每天记录积极的 3 件事**；好好准备，将**积极心理学分享**给同事。"

- 成员 6："了解了一些**积极心理学**的概念、方法论和实践的方法；对于**福流**这个概念印象非常深刻，还跟周围的朋友**分享**了这个概念，对我们平时觉得自己很累的时候，用来恢复精力的活动进行了反思，也让自己从紧张的状态中释放出来。**运动**后做事更**高效**。**积极心理学**从一些科学的理论和实操层面也提供了很好的帮助。"

- 成员 7："**成长型思维**需要我们改变固有的观念，用**积极和成长型**的心态去看待事物，同时还要行动和**坚持实践**；做完**性格优势测评**后才知道原来自己的**突出优势**和劣势都比较明显，需要改善的不是自己的性格劣势，而是要去加强自己**突出的优势**；坚持积极正向的**福流**体验，**要有清晰的目标、及时的反馈、刻意重复的练习和挑战。同样，福流可以提升幸福感；积极档案**让我找到了较早之前的很有**意义**的照片，重新回想起来，**幸福感满满**。"

- 成员 8："学之前觉得这个是玄学，现在觉得还是有科学道理的；现在出现**消极情绪**的时候我会意识到这个状态是不对的；以前不会注意观察生活，现在会留意一些以前忽略的细节；感觉每天比以前**更快乐**了；以前看电影或美剧，看完就完了，现在会思考它们要表达的一些内容。"

- 成员 9："**Well-being 2.0 提到的 5 个核心支柱**让我理解了积极

心理学实操工具背后的理论依据和意义；开创性地用**过程**将 **Well-being 2.0 与福流**产生回路疏通（是否可类比脑部神经元之间的机理）；在零伤害的原则与**积极心理学**原理之间架设桥梁，应用到实际工作中；**运动改造大脑**的实证举例；师傅领进门，修行靠自己。"

- 成员 10："**坚持运动**后，不运动都浑身难受，有天早起还做了一组拉伸，不光学会了对精力的管理，还对身材的管理有了更高的要求；通过当代理组长，不光关注了**自身优势**，还学会了**聆听**、观察、分析其他同事的优势。通过课上听大家的**分享**，给我最大的感触是：我也想当一个**充满善意**的人，我们的善举不需要别人来评判，想做就做！互助环环节令我深思：在生活中或在特定的环境中，人们往往不善于表达自己想要什么。我们在不知道别人想要什么的情况下给予他人帮助会给他人造成负担？因此，我们首先要**了解别人真正需要**什么，然后用最合适的方式表达我们的善意。做个正能量的人，带给身边人阳光！"

2. 对幸福感提升影响因素的质性分析

对所有团体成员的心得体会按照 PERMA 模型的 5 个元素进行类属编码，类属编码与开放式编码如表 5–7 所示。按照 PERMA 模型划分了 5 个类属编码，对成员的心得体会按照开放式编码分类，共获得 160 个开放式编码。对团体成员的心得体会中体现出的开放式编码进行出现频次统计，并得出频次占比（见表 5–8）。图 5–18 展示了心得体会中对提升幸福感的影响因素占比帕累托图分析（类属编码）。图 5–18 中，类属编码 M 的占比最高，达 30.63%，类属编码 R 占比 26.25%，类属编码 E 占比 25.63%，类属编码 P 占

比 14.38%，类属编码 A 占比 3.13%。前三位的类属编码（意义、人
际关系和投入）占比累计超过 80%，通过质性分析得出结论：团
体成员认为通过积极心理学学习拓展了幸福知识并重新认识了情
绪，掌握了实践方法来获得幸福的意义。在实践中提升与同事、家
人和朋友之间的良好人际关系，通过积极实践练习 3 件好事和积极
运动等体会、感受福流，对于提高幸福感和积极情绪有很大的帮
助。这个结果与项目干预组成员对积极心理学实践练习的评价结果
相近，也辅助验证了项目实施前测、后测和追踪测的实验对照的
结果。

表 5-7　心得体会中对提升幸福感的影响因素（类属与开放式编码）

类属编码	开放式编码
P	（主观）感受到的幸福感，包括喜悦、感激、宁静、兴趣、希望、自豪、逗趣、激励、敬畏、爱等
E	（主观）体会到的福流时刻，对投入的主观感受靠回顾
R	（客观）理解他人并善于表达自己，感恩与助人
M	（客观）归属于和致力于某样认为超越自我的东西
A	（客观）努力取得某种成就或实现人生的终极追求

表 5-8　心得体会中对提升幸福感的影响因素占比（开放式编码）

类属编码	频次	频次占比
P	23	14.38%
E	41	25.63%
R	42	26.25%
M	49	30.63%
A	5	3.13%

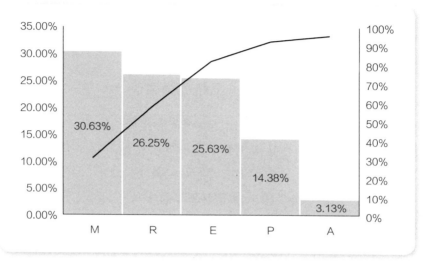

图 5-18　心得体会中对提升幸福感的影响因素占比帕累托图分析（类属编码）

　　从成员的心得体会可以看出，大家对积极心理学的理论知识和提高积极情绪的实践结果普遍比较满意。特别是大家对于每日记录 3 件积极的事、坚持每日锻炼、性格优势练习、感恩、冥想等接地气和有立竿见影的效果的积极心理学实践非常认可，从成员的心得体会中辅助验证了按照积极心理团体辅导理论进行科学的辅导，有助于提高团队的幸福感和积极情绪，抑制消极情绪，从而提高团队的整体应对压力和挑战的能力。在企业管理实践中，有一条原则很重要，即"全员参与"，对于员工参与的项目实践活动的程度：项目策划、项目实践、项目实践参与质量，以及在完成项目实践后的心得体会等，都是项目能否达成预期目标的重要因素。从本项目实践和测评的结果看，每位团体成员的幸福感和积极情绪、消极情绪的变化，总体上验证了积极心理学理论和实践方法的有效性。更重要的是，这个结果在每一位成员的学习心得中也得到了辅助验证。从企业商业行为注重结果的角度看，积极心理学在企业的文化建设和提高员工满意度的有效应用，必将有利于企业的长远发展和获得经济效益，这对于企业和员工是一个双赢的结果。

5.3.6 团体成员的突出品格优势树

"VIA品格优势测评"是由240个问题组成的调查，VIA测评可以帮助测评者从24种品格优势中选出自己最突出的5个品格优势。马丁·塞利格曼认为，如果每个人能在每天的生活中运用与生俱来的一系列优点，将会最大限度地促进个体的参与感与意义感。图5-19展示了企业团队成员参加的"VIA品格优势测评"后汇总的突出品格优势分布情况，团队得分前10的突出品格优势是（帕累托图累计占比67%）：善良、爱、感恩、希望、团队精神、公平、洞察力、好学、正直、灵性。图5-20展示了企业团队的品格优势树中的突出品格优势。

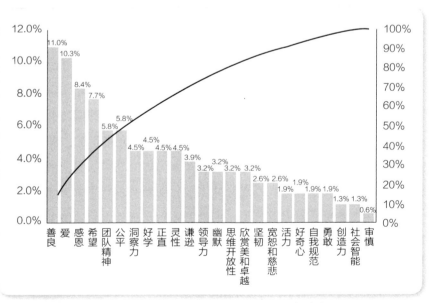

图 5-19　团队成员的突出品格优势的帕累托分布图

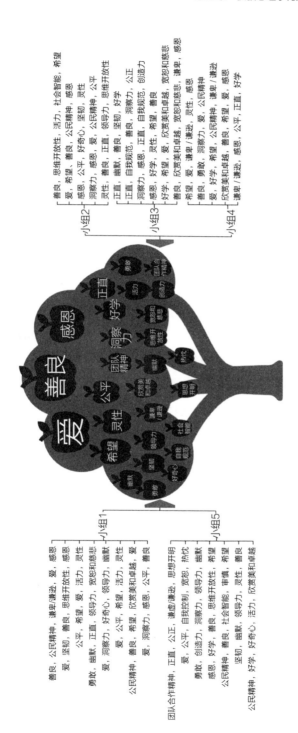

图 5-20 企业团队的品格优势树

团体辅导项目是在零伤害文化推广的大背景下进行的。分析企业团队的品格优势树中的突出品格优势与零伤害文化的原则关系，我们可以发现整个团队的突出品格优势契合了零伤害文化的核心原则，如希望和灵性对应零伤害中可以实现的原则；公平和正直对应零伤害中安全绝不妥协的原则；善良、爱和感恩对应零伤害中关爱彼此的原则；团体精神、洞察力和好学对应零伤害中本地发展全球分享的原则。团队的突出品格优势打下了零伤害文化的坚实基础。

5.3.7　讨论与展望

对团队成员进行积极心理团体辅导，同时进行提高积极情绪的实践练习，对于提高团队的幸福感、提高积极情绪、抑制消极情绪，以及提高积极情绪与消极情绪的比例效果显著。在本实证研究中，干预组前测与后测结果显示，成员幸福感提高了 12.8%，积极情绪提高了24.3%，消极情绪降低了 19.1%。积极情绪与消极情绪比例由辅导前的 1.47∶1 提高到 2.26∶1。团体辅导结束 3 个月后追踪测量结果显示：积极心理团体辅导的成效能够在较长一段时间内得到有效维持。积极心理团体辅导方案设计中核心内容是项目前测、后测和追踪测，4 次单元辅导，积极心理学实践练习，学习心得小结等。考虑到在企业中员工平时需要正常完成本职工作，在业余时间进行积极心理学练习，做好两者平衡不是件容易的事。幸福感提高率与实践练习总体完成率有较高的相关性，与幸福感提高率相关性最高的是团体辅导，与积极情绪提高率相关性最高的是互助环，与消极情绪降低率相关性最高的是记录 3 件好事。

应用积极心理团体辅导提高员工幸福感和积极情绪是促进积极

组织行为的有效方式，这对于组织和员工双方而言是一个双赢的结果。必须注意到构建积极组织行为涵盖很多方面，例如法律法规、管理体系国际标准系列、组织行为准则、组织价值观与文化、包容与多元化、员工福利、员工帮助计划、客户与员工满意、积极心理团体辅导，等等。积极心理团体辅导只是促进积极组织行为的最佳实践要求的重要因素之一。它可能应用的实践要素包括个人行为（员工态度、员工行为、员工满意等）、群体行为（团队建设、团队沟通、团队冲突等）和组织系统（组织文化等）。图 5-21 展示了基于积极心理团体辅导构建积极组织行为的过程方法模型，过程模型分为两个层次：主层次的过程输入是心理资本（希望、自我效能、韧性、乐观），过程是传统组织行为的三层次过程模型（个人、群体、组织），输出结果是组织绩效；次层次是由过程是传统组织行为的三层次模型分出的应用积极心理团体辅导有效提升心理资本，从而将组织行为改造为积极组织行为。图中最下层是本章的一个月实证案例"积极心理团体辅导提升企业团体幸福感和积极情绪的实证研究"应用于这个构建积极组织行为的过程方法模型中的展开表示。通过积极心理团体辅导将积极心理学应用于企业零伤害文化的建设取得了实际成效，积极心理学实践的典型故事被企业全球可持续发展年报采用，年报中这样描述："为了消除新冠疫情长期对员工心理健康的影响，团队应用积极心理学理论和知识于公司零伤害文化中。应用包括了关注员工的突出品格优势和员工零伤害活动的积极实践，例如零伤害意识网络培训，通过微信、社交媒体等各种渠道进行心理健康意识培训，线下和线上的压力释放练习。这些心理健康促进项目在疫情期间极大地帮助了员工的心理健康建设。"

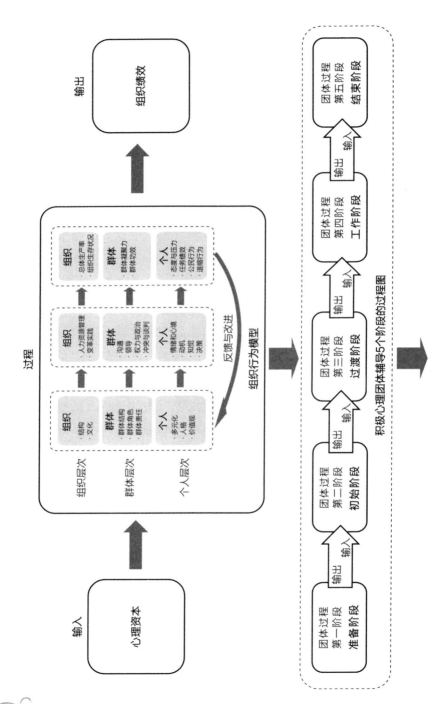

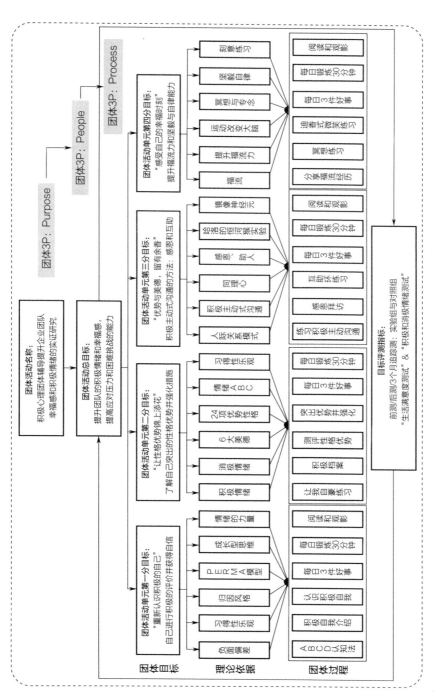

图 5-21　基于积极心理团体辅导构建积极组织行为的过程方法模型

本章要点

1. 通过将积极心理学理论应用到企业实践，提出了一种积极心理学在企业构建幸福体系中应用的架构模式，包含了两个层次的应用模块：企业幸福力 1.0 层次和企业幸福力 2.0 层次。企业幸福力 1.0 层次是积极心理学基础模块，企业幸福力 2.0 层次是积极心理学可选模块。

2. 积极心理团体辅导实证研究的方案设计包括：项目概述、积极心理团体辅导项目名称、项目目标、辅导对象分析、项目阶段（前测调查—单元辅导和积极心理学实践干预练习—后测调查—3 个月后追踪测）、前后测评量表、实证研究方法、理论依据等。

3. 应用积极心理团体辅导提高员工幸福感和积极情绪是促进积极组织行为的有效方式，这对于组织和员工双方而言是一个双赢的结果。必须注意到构建积极组织行为涵盖很多方面，例如法律法规、管理体系国际标准系列、组织行为准则、组织价值观与文化、包容与多元化、员工福利、员工帮助计划、客户与员工满意、积极心理团体辅导，等等。积极心理团体辅导只是促进积极组织行为的最佳实践要求的重要因素之一。它可能应用的实践要素包括个人行为（员工态度、员工行为、员工满意等）、群体行为（团队建设、团队沟通、团队冲突等）和组织系统（组织文化等）。

第 6 章
积极心理学在企业的应用探索

"把你的生活想象成两条高速公路，一条代表着你擅长的事情，另一条代表着你真正喜欢做的事情。现在，想象一下这两条高速公路交叉的情景。你的幸福与你的能力实现了交叉，没错，这个交叉点就是你构建职业生涯最理想的地方。"

——杰克·韦尔奇

6.1 积极心理学在企业的应用探索概述

随着时代的进步，越来越多的企业对员工的全面福祉（Well-being）开始重视起来，企业的可持续健康发展不仅关注员工与企业的绩效，而且关注员工幸福感的提升。2024 年 5 月 21 日，在人民日报新媒体大厦举办的"激活新质力，共建幸福力——2024 幸福企业论坛暨百强榜颁奖典礼"上，彭凯平教授在解读《2023 幸福企业白皮书》时指出：幸福企业是指那些健康长寿、不断超越、引领创新的有责任心、有活力的企业。这样的企业有较强的影响力和知名度，能够给予社会物质财富和精神财富的双重输出，并可以通过企业先进的文化引领行业进步、推动社会发展。这样的企业还能够通过积极的文化影响员工、合作者以及整个社会的正能量，这样的企业不仅关注员工的个人需求和发展，更兼顾企业自身的长期发展和社会责任。

积极心理学校友联谊会是由参加积极心理学指导师学习的同仁们自发自愿组织的积极心理学实践分享平台，联谊会根据大家不同的兴趣和应用领域组织了多个积极心理学实践项目组，如积极家校共育项目组、优势幸福力项目组、企业幸福力项目组、积极团辅组、正念空间项目组、幸福党建课题项目组、幸福读写组、公益项目组、积极分享组、积极养老项目组等。联谊会组织了各种线上线下实践分享活动，并成功举办了多届积极心理学校友年度联谊大会，受到老师和校友们的好评。积极心理学在校友联谊会的各个项目组的各行各业中的应用和蓬勃发展，如同彭凯平教授提出的"心理学科的蒲公英模型"。事实上，即使是建立在统一的科学特质与实证原则之上的现代心理学，其中仍包含各种不同的内容与观点。心理学的多样性与复杂性使其与今天人们眼中的任何一门其他学科都呈现出迥然不同的风貌。心理学是如此与众不同，总是给人带来惊喜与突破。在他看来，无论从形式上还是内容上，心理学就像一株蒲公英。它生发于一个最基础的根基——科学态度，然后在其中孕育更多的种子——对人类认知、行为的好奇与发现。在这些种子成熟之后，就会飞离母体，飞向更广阔的空间，并继续孕育新的种子。在时间与空间的不断延展中，心理学的蒲公英家族会不断壮大，它分布得更广，参与得更多，揭示得也更多。我们习惯以树的形式建立自己的学习与职业，而心理学就不是树的模式。所以我们要以蒲公英的模式而非树的模式来定义心理学，这是心理学与其他学科的最大区别。积极心理学是心理学科的重要分支，马丁·塞利格曼指出，积极心理学之目的是促进心理学发生变化，从只修复生活中最坏的方面到同时构建美好生活中最好的品质。积极心理学在各个领域的实践应用和蓬勃发展正是遵循了蒲公英的模式。积极心理学理论的根基，能孕育出更多的种子，如家校共育、优势幸福力、企业幸福力、积极团辅、正念空间、幸福党建、幸福读写、积极分享、积极养老等，这些种子在实践应用中不断成熟长大，并继续孕育新的种子，积极心理学在不同领域的应用就会越来越广，参与的人就会越来越多。

企业幸福力是指企业通过提升员工的积极心理能力——其核心能力是心理资本，进而提高员工幸福感的一种核心竞争力。从这个描述可见，企业幸福力其实就是积极组织行为学在企业应用的一种形式。企业通过创造良好的工作环境、提供有竞争力的薪酬福利、关心员工职业发展、关爱员工身心健康、提升企业幸福力、营造积极和谐的企业文化、积极承担社会责任等，从而提升员工的工作满意度和忠诚度，增强企业的凝聚力和向心力，进而推动企业的可持续发展。企业幸福力项目根植于积极心理学校友联谊会，旨在连接更多师生，让积极心理学走进更多企业，开启幸福职场人生。企业幸福力项目致力于让每个职场人都活出自己心花怒放的人生，让积极心理学在组织中绽放，并推动中国积极心理学在企业中的应用研究和发展。企业幸福力实践以积极心理学为理论依据，以提升员工心理资本和其他积极心理能力，同时提升幸福感为目标，从而实现群体的快乐工作，实现团队成员相互协同、高效合作。这将有助于建立优秀的企业文化和良好的氛围，凝聚员工力量并促进企业的可持续发展，最终带来员工与企业的绩效双赢。

在下一节中，我们选取了几个积极心理学在不同类型企业实践应用的典型案例，这些案例展示了积极心理学在企业的应用现实场景。每个案例从方案设计、方案实施、前测后测结果、后续改进等各个方面看并不是完美的，但是反映了在现实企业实践的场景。积极心理学唯有面对真实的场景，才能深入推广其在企业的实践。

6.2 积极心理学在企业的实践案例

1．某资产管理公司

某资产管理公司是一家以金融资本资产管理和投资银行业务为主业的企业。企业员工主要面临的是情绪压力问题，国内股市日内交易员在上午开盘和下午收盘之间精神会高度紧张，因为微小的差距都会造成很大的损失。在前期做调研的时候我们发现，很多交易员比较年轻，但工作的压力会很大，也会造成焦虑情绪。积极心理团体辅导的主要目标是缓解员工压力和减少员工焦虑情绪，提升员工心理资本和主观幸福感，让他们在工作中运用自己独特的品格优势，从而提升工作绩效。积极心理团体辅导的方案设计见表6-1，实践的过程是按照正念和积极心理学的十周课程设计的，每次课程的内容由正念的练习和积极心理学的理论知识讲解组成，课下每天有3件好事的打卡，打卡时长为50天左右。

积极心理团体辅导的前后测结果比较如下（见表6-2）。在课程开始前一周和结束后一周进行了两次测试，分别从PERMA幸福感、心理资本和压力三个方面进行测量。PERMA幸福感平均值前测6.81，后测7.94，前后测提高了16.6%，差异显著（见图6-1）；心理资本平均值前测110，后测120.78，前后测提高了9.8%，差异显著（见图6-2）；压力前测平均值0.47，后测0.60，差异不显著。积极心理团体辅导的前后测结果表明正念与积极心理学培训和实践结合，能够显著提高员工的主观幸福感和心理资本，为员工创造良好绩效打下心理基础。前后测结果也表明积极心理团体辅导对员工感受到的压力没有带来显著的变化，这可能与员工所处的金融投资行业的整体业态的快节奏和高压力工作环境有关，未来可能需要探讨其他减缓员工压力的更为有效的干预措施和方法。除了前测和后测以外，项目还采用了问卷调查法，以直观地反映员工的感受。通过问卷调查了解到，员工对培训内容比较感兴趣，在培训的过程中参与度和配合度都很高。在给大家讲解积极情绪和消极情绪的课程中，大家有很多有益的分享，例如，有人分享原来会有烦恼，但不知道怎样面对，通过正念练习会对身体和心理有良好的调节作用；还有员工表示当有消极情绪出现时，已经学会正视它、面对它、消化它，然后满血复活，从头再来；还有员工分享，之前发生一些悲观的事情时都特别痛苦，感觉无法自拔，好像陷进去了，自从上了积极心理学的课程之后才发现，原来消极情绪是可以调节的。

表6-1　积极心理团体辅导方案

积极心理团体辅导十周课	辅导内容
第一周：课程介绍与迎新会	积极心理学
第二周：觉察"完整"的体验	PERMA 理论
第三周：看法、见解与回应	认识情绪
第四周：活在当下的快乐与力量	积极情绪的力量
第五周：习惯于看法与先验信念	品格优势和美德
第六周：发现选择空间	提到心理韧性
第七周：人际关系探索	非暴力沟通
第八周：深化个人练习，一日止语	正念
第九周：融入生活	福流
第十周：新人生意义	意义与成就

表6-2　积极心理团体辅导前后测结果

N=18	前测		后测		t检验 p值
	平均值	标准差	平均值	标准差	
PERMA 幸福感（实验组）	6.81	1.21	7.94	1.30	0.0005
心理资本（实验组）	110.00	11.94	120.78	17.41	0.0032
压力（实验组）	0.47	0.30	0.60	0.69	0.4827

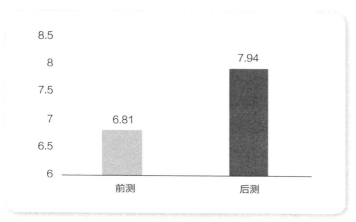

图6-1 幸福感前后测比较

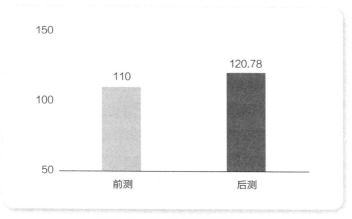

图6-2 心理资本前后测比较

2. 某互联网技术科技公司

某互联网技术科技公司是一家互联网技术的初创公司，主要为第三方平台提供技术解决方案，成立近年来公司都处在高速发展期。经过前期调查了解，企业员工主要面临的情绪问题是：员工缺乏凝聚力，企业内部各部门沟通较少，员工之间工作关系紧张，工作满意度不高，员工整体缺乏幸福感。企业管理者意识到企业的发展离不开员工的成长，特别希望发挥每一个员工的积极性，使员工与公司长远地共同成长。积极心理学项目的目标是通过培训和访谈等方式对员工关怀赋能，更好地促进企业的发展。

积极心理团体辅导方案设计是四次辅导和课后打卡练习，辅导方案如表 6-3 所示。本次项目分为培训内容准备前测、培训实施、后测和总结回顾四个阶段，设定每次培训时长为 2 小时。第二次课后员工要完成 3 件好事的打卡活动练习。

表6-3 积极心理团体辅导方案

积极心理团体辅导单元	辅导内容及实践方法
第一次：品格优势与美德	PERMA、品格优势与美德、自我效能
第二次：乐观	负面偏差、习得性乐观、3 件好事打卡
第三次：如何培养积极情绪	团体辅导、冥想练习
第四次：积极沟通	非暴力沟通

全程参与辅导和练习的一共有 19 名员工，大部分员工是"90后"，前后测的测量项目包括员工的品格优势测试、成长型思维、生活满意度、自我效能、幸福感指数。积极心理团体辅导的前后测结果比较如下（见表 6-4）。在课程开始前和结束后进行了两次测试（见图 6-3）。成长型思维平均值前测 3.89，后测 4.00，前后测提高了 2.8%，差异不显著；生活满意度平均值前测 4.22，后测 4.35，前后测提高了 3.1%，差异不显著；自我效能平均值前测 2.50，后测 2.79，前后测提高了 11.6%，差异不显著；幸福感平均值前测 6.68，后测 6.93，前后测提高了 3.74%，差异不显著。结果显示，积极心理团体辅导对成长型思维、生活满意度、自我效能、幸福感虽然有些提高，但是都不显著，原因可能是本次参加辅导的主体是初创公司的"90

后"年轻员工，企业本身很少开集体的会议或者组织活动，所以凝聚力不是很强，对于行政制度的执行也比较弱；由于分了几块办公地点，部门之间的沟通也不是很顺畅，公司的沟通和团队文化比较弱。另外，本辅导方案设计没有充分考虑到这个情况，每次辅导时间间隔过长，有时候超过1个月，每日3件好事的打卡启动过迟，没有严格地跟踪打卡的情况，干预效果不是很强。另外，前后测量的维度较多，应该适当精简并专注，如侧重生活满意度和自我效能。

表6-4 积极心理团体辅导前后测结果

N=19	前测		后测		t检验 p值
	平均值	标准差	平均值	标准差	
成长型思维	3.89	0.60	4.00	0.83	0.640
生活满意度	4.22	1.07	4.35	1.31	0.746
自我效能	2.50	0.51	2.79	0.55	0.096
幸福感	6.68	0.97	6.93	1.20	0.483

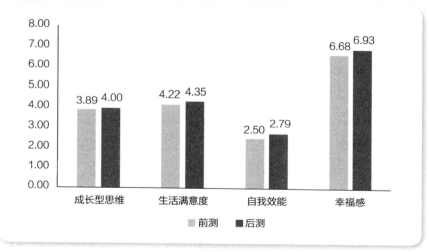

图6-3 积极心理团体辅导前后测比较

3．某金融机构客服中心

某金融机构远程支持客服中心是主要面向国内外的个人客户、公司客户、客户体验及客户问题管理等业务的服务支持部门。积极心理学实践项目主要是通过积极心理学团体辅导，对心理资本进行积极干预，通过从希望、自我效能、韧性、乐观四个维度去提升员工的心理资本，同时提高员工的幸福感；通过提升个体心理资本从而调动他们的工作积极性，发挥他们的潜能，为企业创造价值，给企业带来竞争优势。

本项目的方案设计：共四周，方案包括前期准备、三次单元辅导、四周积极心理实践打卡活动、前后测（见表6-5）。量表选择为积极心理资本问卷（PPQ）和幸福感量表（PERMA Profiler）。

表6-5　积极心理团体辅导方案

积极心理团体辅导的步骤	辅导时间	辅导目标	辅导重点
前测	一个月前	确定人员	确定实验组人员和对照组人员
	一周前	前测	使用积极心理资本问卷、幸福感量表
第一单元：认识自我磨炼韧性	第一周	积极理念	积极心理学，积极组织行为学和心理资本
		心理韧性	认识情绪，提升积极情绪
		每日练习：3件好事/正念练习	
第二单元：提升自我挑战困难	第二周	自我效能	自我效能的影响因素和提升方法
		希望	复盘和制定行动目标和计划，确定达到目标的路径
		每日练习：3件好事/正念练习	

（续）

积极心理团体辅导的步骤	辅导时间	辅导目标	辅导重点
第三单元： 发现自我 提升幸福力	第三周	乐观	发现的突出品格优势和强化品格优势的措施
		积极关系	积极主动的人际关系和提升积极关系的方法
		每日练习：3 件好事 / 正念练习	
后测	第四周	后测	使用积极心理资本问卷、幸福感量表，辅导心得体会

提升心理资本积极心理团体辅导的前后测结果比较如下（见表 6-6）。心理资本平均值（实验组）前测 4.47，后测 4.90，前后测提高了 9.62%，差异显著；心理资本平均值（对照组）前测 4.33，后测 4.38，前后测差异不显著。幸福感平均值（实验组）前测 7.20，后测 7.89，前后测提高了 9.58%，差异显著；幸福感平均值（对照组）前测 6.63，后测 6.88，前后测差异显著。心理资本实验组与对照组的前后测比较如图 6-4 所示，幸福感实验组与对照组的前后测比较如图 6-5 所示。心理资本（实验组）的四个子维度的前后测结果比较如下（见表 6-7）：自我效能平均值前测 4.55，后测 4.97，前后测提高了 9.23%，差异显著；希望平均值前测 4.41，后测 4.79，前后测提高了 8.62%，差异显著；韧性平均值前测 4.48，后测 4.90，前后测提高了 9.38%，差异显著；乐观平均值前测 4.43，后测 4.95，前后测提高了 11.74%，差异显著。前后测比较如图 6-6 所示。结果显示，提升心理资本积极心理团体辅导能够在显著提高员工的心理资本的同时，显著提升员工的主观幸福感。

表6-6   积极心理团体辅导前后测结果

		前测			后测			t检验 p 值
		平均值	标准差	N	平均值	标准差	N	
心理资本	实验组	4.47	0.51	22	4.90	0.75	22	0.000
	对照组	4.33	0.56	22	4.38	0.45	22	0.478
幸福感	实验组	7.20	0.89	22	7.89	1.24	22	0.000
	对照组	6.63	1.07	22	6.88	1.1	22	0.022

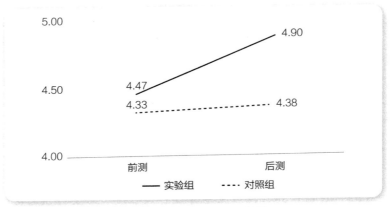

图 6-4   心理资本前后测比较

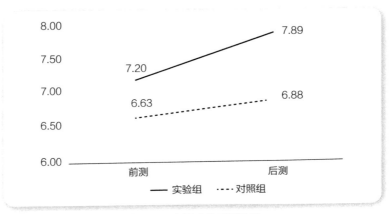

图 6-5   幸福感前后测比较

表 6-7 积极心理团体辅导前后测结果

	前测			后测			t检验 p值
	平均值	标准差	N	平均值	标准差	N	
自我效能	4.55	0.53	22	4.97	0.74	22	0.002
希望	4.41	0.60	22	4.79	0.74	22	0.001
韧性	4.48	0.53	22	4.90	0.85	22	0.004
乐观	4.43	0.67	22	4.95	0.78	22	0.001

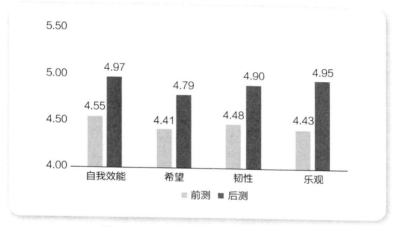

图 6-6 积极心理团体辅导前后测比较

4. 某电子商务公司

某互联网电子商务公司致力于为客户提供高科技便捷的电子商务服务。积极心理团体辅导项目主要针对员工面临的焦虑情绪和工作压力进行，对员工开展正念成长和提升积极心理情绪的训练和实践活动，通过正念和积极心理学的实践练习，让员工在繁忙的工作中提高内心专注力，发展成长型思维，更好地应对工作和生活的挑战。本项目的方案设计如下：时间共四周，方案包括前期准备、四次单元辅导、四周积极心理实践打卡活动、前后测。量表选择为生活满意度量表、积极情绪和消极情绪量表、自尊量表、成长型思维量表。前后测结果如下：生活满意度前测6.16，后测6.93，前后测提高了12.5%；积极情绪前测5.67，后测7.33，前后测提高了29.3%；消极情绪前测4.91，后测3.73，前后测降低了24.0%；自尊水平前测6.63，后测7.63，前后测提高了15.1%；成长型思维前测3.44，后测2.65，前后测降低了23.0%（见图6-7）。结果表明，用积极心理团体辅导开展正念空间和积极心理实践营，对于提高员工的主观幸福感（生活满意度），提升积极情绪和降低消极情绪有帮助，同时也能提高员工的自尊水平，但是本次团体辅导对成长型思维没有提高作用，这与本次积极心理团体辅导的方案设计侧重点有关，前后测也没有进行显著性比较。

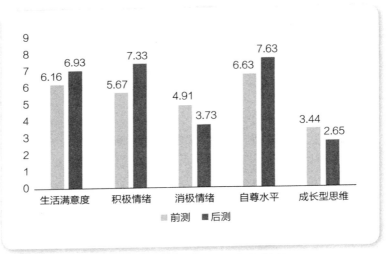

图6-7 积极心理团体辅导前后测比较

6.3　实用的积极心理干预练习模板

在企业实践中，本书基于过程方法和 PDCA 循环，结合积极心理干预方法，设计了一套十分直观有效的积极心理干预练习模板（表 6-8 ~ 表 6-27）。练习模板包括了输入和输出两个模块。输入模块是积极心理干预方法与练习内容：①每日记录 3 件好事（也叫感恩日志）、②积极介绍、③识别和强化突出品格优势、④更好的自己、⑤积极评价、⑥宽恕、⑦趋向满足、⑧感恩、⑨绝望与希望、⑩表达性写作、⑪缓慢和享受、⑫积极关系树、⑬积极的建设性回应、⑭时间礼物、⑮积极遗产、⑯正念三分钟呼吸空间、⑰正念冥想身体扫描、⑱每日积极锻炼、⑲团体互助环、⑳团体优势树等。输出模块是练习复盘，使用 SWIP[⊖] 分析法，包括练习的优势、劣势、改进、改进措施的 PDCA 循环。通过积极心理干预方法的实践练习以及复盘，详细分析每一项积极心理干预方法的得与失，确定未来的改进方向和措施，这也是过程方法中持续改善的精髓所在。

　⊖ SWIP 是 Strengths，Weakness，Improvement，PDCA 循环的首字母缩写。其中，SWI 所代表的中文含义分别为优势、劣势、改进。

表6-8　基于过程方法和 PDCA 循环的积极心理干预练习模板 1

输入：

积极心理干预练习1：

每日记录 3 件好事（感恩日志）

练习内容：

　　开始每天写些日记，记录今天发生的 3 件好的事情，无论大小，并写下这些事情发生的原因。通过记录积极的经历和欣赏感恩对幸福的影响来培养感恩之心。

输出：

积极心理干预练习复盘：SWIP 分析法

- S——优势：
  1.
  2.
  3.
- W——劣势：
  1.
  2.
  3.
- I——改进：
  1.
  2.
  3.
- P——PDCA 循环：
  1. 计划：
  2. 执行：
  3. 检查：
  4. 改进：

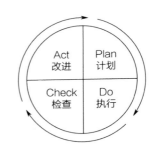

表 6-9　基于过程方法和 PDCA 循环的积极心理干预练习模板 2

输入：

积极心理干预练习 2：

积极介绍

练习内容：

通过回忆、反思写出一页积极介绍，分享一个有开头、中间和积极结尾的故事，要尽可能具体，以展现自己最好的一面。

输出：

积极心理干预练习复盘：SWIP 分析法

- S——优势：
  1.
  2.
  3.
- W——劣势：
  1.
  2.
  3.
- I——改进：
  1.
  2.
  3.
- P——PDCA 循环：
  1. 计划：
  2. 执行：
  3. 检查：
  4. 改进：

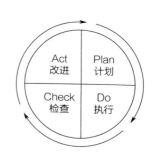

表6-10　基于过程方法和PDCA循环的积极心理干预练习模板3

输入：

积极心理干预练习3：

识别和强化突出品格优势

练习内容：

　　通过多个来源收集信息，包括自我报告、在线测试，来编制自己的突出优势档案。品格优势和突出品格优势都是积极的特质，可以通过实践发展促进个人健康成长。

输出：

积极心理干预练习复盘：SWIP分析法

- S——优势：
  1.
  2.
  3.
- W——劣势：
  1.
  2.
  3.
- I——改进：
  1.
  2.
  3.
- P——PDCA循环：
  1. 计划：
  2. 执行：
  3. 检查：
  4. 改进：

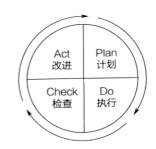

表 6-11　基于过程方法和 PDCA 循环的积极心理干预练习模板 4

输入：

积极心理干预练习 4：

更好的自己

练习内容：

写一份自我发展计划，名字为"一个好的我"，通过具体的、可衡量的和可实现的目标，更合适地利用自己的突出品格优势。

输出：

积极心理干预练习复盘：SWIP 分析法

- S——优势：
  1.
  2.
  3.
- W——劣势：
  1.
  2.
  3.
- I——改进：
  1.
  2.
  3.
- P——PDCA 循环：
  1. 计划：
  2. 执行：
  3. 检查：
  4. 改进：

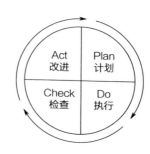

表 6-12　基于过程方法和 PDCA 循环的积极心理干预练习模板 5

输入：

积极心理干预练习 5：

积极评价

练习内容：

　　回忆、书写和处理记忆，学习处理积极或消极记忆的技巧。在练习放松后，写下痛苦的记忆，并探索 4 种方法来更合适地处理它们。

输出：

积极心理干预练习复盘：SWIP 分析法

- S——优势：
    1.
    2.
    3.
- W——劣势：
    1.
    2.
    3.
- I——改进：
    1.
    2.
    3.
- P——PDCA 循环：
    1. 计划：
    2. 执行：
    3. 检查：
    4. 改进：

表6-13　基于过程方法和PDCA循环的积极心理干预练习模板6

输入：

积极心理干预练习6：

宽恕

练习内容：

　　宽恕是一个改变的过程，而不是一个事件，这个环节要解释什么是宽恕、什么不是宽恕。学习宽恕五步法的过程，写一封宽恕信，但并不一定寄出。

输出：

积极心理干预练习复盘：SWIP 分析法

- S——优势：
   1.
   2.
   3.
- W——劣势：
   1.
   2.
   3.
- I——改进：
   1.
   2.
   3.
- P——PDCA 循环：
   1.计划：
   2.执行：
   3.检查：
   4.改进：

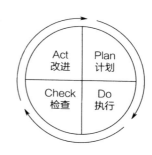

表 6-14 基于过程方法和 PDCA 循环的积极心理干预练习模板 7

输入：

积极心理干预练习 7：

趋向满足

练习内容：

探索哪些是自己最大化或满足的生活领域，并起草一份提高满意度的计划。最大化是指做出最好的可能选择，满足是指做出足够好的选择。

输出：

积极心理干预练习复盘：SWIP 分析法

- S——优势：
  1.
  2.
  3.
- W——劣势：
  1.
  2.
  3.
- I——改进：
  1.
  2.
  3.
- P——PDCA 循环：
  1. 计划：
  2. 执行：
  3. 检查：
  4. 改进：

表6-15　基于过程方法和 PDCA 循环的积极心理干预练习模板 8

输入：

积极心理干预练习 8：

感恩

练习内容：

　　感谢信和感恩拜访是两种有效的方法。感谢信是指反思并给那些在需要的时候帮助过本人但是没有得到适当感谢的人写一封感谢信。感恩拜访是指邀请自己写感谢信的对象进行一对一的会面，在没有事先解释的情况下当面朗读信函。

输出：

积极心理干预练习复盘：SWIP 分析法

- S——优势：
  1.
  2.
  3.
- W——劣势：
  1.
  2.
  3.
- I——改进：
  1.
  2.
  3.
- P——PDCA 循环：
  1. 计划：
  2. 执行：
  3. 检查：
  4. 改进：

表 6-16   基于过程方法和 PDCA 循环的积极心理干预练习模板 9

输入：

积极心理干预练习 9：

绝望与希望

练习内容：

反思并写出 3 件绝望的事和 3 件有希望的事。学会看到最可能的、现实的结果。他们要认识到挑战是暂时的，学会如何培养希望。

输出：

积极心理干预练习复盘：SWIP 分析法

- S——优势：
    1.
    2.
    3.
- W——劣势：
    1.
    2.
    3.
- I——改进：
    1.
    2.
    3.
- P——PDCA 循环：
    1. 计划：
    2. 执行：
    3. 检查：
    4. 改进：

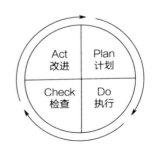

表 6-17　基于过程方法和 PDCA 循环的积极心理干预练习模板 10

输入：

积极心理干预练习 10：

表达性写作

练习内容：

　　将烦恼和创伤的经历写在纸上，确保这篇文章只有本人可以看到，并放在一个安全的地方。当本人发展出健康的应对技巧，不再被当前的压力压倒时，练习就完成了。

输出：

积极心理干预练习复盘：SWIP 分析法

- S——优势：
  1.
  2.
  3.
- W——劣势：
  1.
  2.
  3.
- I——改进：
  1.
  2.
  3.
- P——PDCA 循环：
  1. 计划：
  2. 执行：
  3. 检查：
  4. 改进：

表 6-18　基于过程方法和 PDCA 循环的积极心理干预练习模板 11

输入：

积极心理干预练习 11：

缓慢和享受

练习内容：

　　选择一种慢速的技巧和一种适合自己的个性和生活环境的享受技巧。学习如何有意识地放慢节奏，培养一种享受的意识。通过这样做，学会专注于积极的一面。

输出：

积极心理干预练习复盘：SWIP 分析法

- S——优势：
  1.
  2.
  3.
- W——劣势：
  1.
  2.
  3.
- I——改进：
  1.
  2.
  3.
- P——PDCA 循环：
  1.计划：
  2.执行：
  3.检查：
  4.改进：

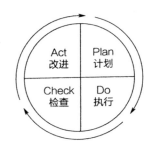

表 6-19　基于过程方法和 PDCA 循环的积极心理干预练习模板 12

输入：

积极心理干预练习 12：

积极关系树

练习内容：

和所爱的人一起评估优点，每个人都把它们写在纸上的一棵树上。与爱人讨论通过赞美彼此来丰富关系的方法。学会认识到他们所爱之人的优点的重要性。

输出：

积极心理干预练习复盘：SWIP 分析法

- S——优势：
    1.
    2.
    3.
- W——劣势：
    1.
    2.
    3.
- I——改进：
    1.
    2.
    3.
- P——PDCA 循环：
    1. 计划：
    2. 执行：
    3. 检查：
    4. 改进：

表 6-20 基于过程方法和 PDCA 循环的积极心理干预练习模板 13

输入：

积极心理干预练习 13：

积极的建设性回应

练习内容：

　　探索他人的优点，并实践积极的建设性回应。了解 4 种好消息的回应方式，以及哪一种可以预测关系满意度。

输出：

积极心理干预练习复盘：SWIP 分析法

- S——优势：
    1.
    2.
    3.
- W——劣势：
    1.
    2.
    3.
- I——改进：
    1.
    2.
    3.
- P——PDCA 循环：
    1. 计划：
    2. 执行：
    3. 检查：
    4. 改进：

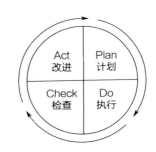

表 6-21　基于过程方法和 PDCA 循环的积极心理干预练习模板 14

输入：

积极心理干预练习 14：

时间礼物

练习内容：

　　计划花时间利用自己的突出品格优势送出一份礼物。学习利他行为是如何帮助自己和他人的。

输出：

积极心理干预练习复盘：SWIP 分析法

- S——优势：
  1.
  2.
  3.

- W——劣势：
  1.
  2.
  3.

- I——改进：
  1.
  2.
  3.

- P——PDCA 循环：
  1. 计划：
  2. 执行：
  3. 检查：
  4. 改进：

表 6-22　基于过程方法和 PDCA 循环的积极心理干预练习模板 15

输入：

积极心理干预练习 15：

积极遗产

练习内容：

写下自己希望被如何记住，特别是在自己曾留下积极足迹的方面。为更大的利益寻找和追求有意义的努力。

输出：

积极心理干预练习复盘：SWIP 分析法

- S——优势：
  1.
  2.
  3.
- W——劣势：
  1.
  2.
  3.
- I——改进：
  1.
  2.
  3.
- P——PDCA 循环：
  1. 计划：
  2. 执行：
  3. 检查：
  4. 改进：

表6-23 基于过程方法和PDCA循环的积极心理干预练习模板16

输入：

积极心理干预练习16：

正念三分钟呼吸空间

练习内容：

第一，将觉察从外在的环境转向内在的体验，觉察此刻的体验是什么；第二，慢慢将注意力转移到呼吸，觉察这些感觉带来的变化；第三，将周围的环境纳入意识中，然后回归当下。

输出：

积极心理干预练习复盘：SWIP 分析法

- S——优势：
  1.
  2.
  3.
- W——劣势：
  1.
  2.
  3.
- I——改进：
  1.
  2.
  3.
- P——PDCA 循环：
  1. 计划：
  2. 执行：
  3. 检查：
  4. 改进：

表6-24　基于过程方法和 PDCA 循环的积极心理干预练习模板 17

输入：

积极心理干预练习 17：

正念冥想身体扫描

练习内容：

在正念中，身体扫描是一种重要的练习方式，是有意识地、系统地将注意力依次从身体的一个部位移动到另一个部位，在整个过程中，练习者需要保持非评判的态度，单纯地观察和感受每个身体部位的感觉。

输出：

积极心理干预练习复盘：SWIP 分析法

- S——优势：
  1.
  2.
  3.
- W——劣势：
  1.
  2.
  3.
- I——改进：
  1.
  2.
  3.
- P——PDCA 循环：
  1. 计划：
  2. 执行：
  3. 检查：
  4. 改进：

表 6-25　基于过程方法和 PDCA 循环的积极心理干预练习模板 18

输入：

积极心理干预练习 18：

每日积极锻炼

练习内容：

　　每天锻炼 30 分钟，养成一个积极健康的生活习惯，不仅促进身体的健康，也为日常的生活注入活力，有效提升心理状态，累积积极档案。

输出：

积极心理干预练习复盘：SWIP 分析法

- S——优势：
    1.
    2.
    3.
- W——劣势：
    1.
    2.
    3.
- I——改进：
    1.
    2.
    3.
- P——PDCA 循环：
    1. 计划：
    2. 执行：
    3. 检查：
    4. 改进：

表6-26　基于过程方法和 PDCA 循环的积极心理干预练习模板 19

输入：

积极心理干预练习19：

团体互助环

练习内容：

　　在团体练习中，成员们互相支持、鼓励和分享，共同面对反馈和挑战，形成一个互助互利的良性循环，成员在团体中感受到来自他人的理解和支持。这种支持有助于减轻心理压力，增强应对困难的能力。

输出：

积极心理干预练习复盘：SWIP 分析法

- S——优势：
    1.
    2.
    3.
- W——劣势：
    1.
    2.
    3.
- I——改进：
    1.
    2.
    3.
- P——PDCA 循环：
    1. 计划：
    2. 执行：
    3. 检查：
    4. 改进：

表 6-27　基于过程方法和 PDCA 循环的积极心理干预练习模板 20

输入：

积极心理干预练习 20：

团体优势树

练习内容：

　　在团体中绘制一棵树的形象，将团队成员的个人优势和团队优势以大小不一的苹果在树上展示出来，其目的在于帮助成员认识到自己和他人的优势，增强自信心，促进团队合作，最终实现个人和团队的共同发展。

输出：

积极心理干预练习复盘：SWIP 分析法

- S——优势：
  1.
  2.
  3.
- W——劣势：
  1.
  2.
  3.
- I——改进：
  1.
  2.
  3.
- P——PDCA 循环：
  1. 计划：
  2. 执行：
  3. 检查：
  4. 改进：

本章要点

1. 幸福企业是指那些健康长寿、不断超越、引领创新的有责任心、有活力的企业。这样的企业有较强的影响力和知名度，能够给予社会物质财富和精神财富的双重输出，并可以通过企业先进的文化引领行业进步并推动社会发展。这样的企业还能够通过积极的文化影响员工、合作者以及整个社会的正能量，这样的企业不仅关注员工的个人需求和发展，更兼顾企业自身的长期发展和社会责任。

2. 企业幸福力是指企业通过提升员工积极心理能力（其核心能力是心理资本）进而提高员工幸福感的一种核心竞争力。企业幸福力是积极组织行为学在企业应用的一种形式。企业通过创造良好的工作环境、提供有竞争力的薪酬福利、关心员工职业发展、关爱员工身心健康、提升企业幸福力、营造积极和谐的企业文化、积极承担社会责任等方式提升员工的工作满意度和忠诚度，增强企业的凝聚力和向心力，进而推动企业的可持续发展。

3. 基于过程方法和 PDCA 循环的积极心理干预方法练习模板包括了输入和输出两个模块。输入模块是积极心理干预练习，输出模块是使用 SWIP 方法练习复盘，包括练习的优势、劣势、改进、改进措施的 PDCA 循环。通过积极心理干预方法的实践练习以及复盘，详细分析每一项积极心理干预方法的得与失，确定未来的改进方向和措施，这也是过程方法中持续改善的精髓所在。

构建企业幸福体系的思考题

1. 个人幸福与企业幸福的区别是什么？两者的测量方法有什么不同？

2. 如何理解基于过程方法和PDCA循环来构建企业幸福体系的五个关键分目标？

3. 为什么说追求幸福和美好人生是一个持续不断的"过程"？如何理解积极心理学干预就是人们追求幸福和提高积极体验的很有效的持续过程？

4. 如何理解积极心理团体辅导的实施阶段过程是"团体3P理论"中重要的一个P——"过程"（Process）的具体体现？

5. 针对你所在的企业或组织，采用过程方法画出核心业务和支持业务过程。

6. 采用PDCA循环的方法，针对你的5项突出品格优势提出强化措施。

7. 为什么说"过程"元素将PERMA理论的5个元素汇聚在一起形成通向幸福2.0的通途？

8. 如何理解积极心理干预方法不仅是积极心理治疗的核心工具，也是积极心理团体辅导和咨询很有效的实践方法？

9. 如何用过程方法来分析组织行为学的三个层次的概念模型？

10. 积极组织行为学与构建企业幸福体系之间的关系是什么？

11. 积极组织行为学中的核心概念，即心理资本的选择原则是什么？

12. 构建幸福企业与构建企业幸福体系有什么联系？为什么说前者无法衡量，而后者可以衡量？

13. 如何理解应用积极心理团体辅导是促进积极组织行为的有效方式，这对于组织和员工双方而言是一个双赢的结果？

14. 如何理解基于积极心理团体辅导构建积极组织行为的过程方法模型中三个层次的输入与输出关系？

15. 如何理解构建企业幸福体系的底线标准和最佳实践的模式？为什么国际管理体系的底线标准是企业追求卓越业绩的基本要求，在这些管理体系标准的坚实基础上才能构建起可持续发展的企业幸福管理体系？

16. 为什么说基于过程方法和 PDCA 循环的企业幸福指数评价标准提供了一种更为积极主动和内容广泛的供组织持续改善幸福现状的指南？

17. 如何理解在过程方法和 PDCA 循环的基础上构建企业幸福体系的途径？为什么说这个途径提供了企业幸福体系改进措施的两个方向？

18. 如何理解积极心理学在企业构建幸福体系中应用的架构模式包含的两个层次的应用模块？这两个层次的应用模块在实际应用过程中侧重点有什么不同？

19. 针对你的团队设计一套积极心理团体辅导的方案，目标是提高团队整体的心理资本和幸福感。

20. 针对你目前所处企业的实际，基于过程方法策划一套构建企业幸福体系的方案。

参考文献

［1］埃利斯，兰格. 我的情绪为何总被他人左右［M］.张蕾芳，译. 北京：机械工业出版社，2019.

［2］迪纳.改变人生的快乐实验［M］.江舒，译.北京：中国人民大学出版社，2010.

［3］埃科尔.快乐竞争力［M］.郑晓明，译.北京：中国人民大学出版社，2012.

［4］兰格.专念：积极心理学的力量［M］.王佳艺，译.杭州：浙江人民出版社，2012.

［5］达克沃思.坚毅［M］.安妮，译.北京：中信出版社，2017.

［6］艾利克森，普尔.刻意练习：如何从新手到大师［M］.王正林，译.北京：机械工业出版社，2021.

［7］弗雷德里克森，积极情绪的力量［M］.王珺，译.北京：中国人民大学出版社，2010.

［8］明托.金字塔原理：思考、写作和解决问题的逻辑［M］.王德忠，张珣，译.北京：民主与建设出版社，2002.

［9］斯科尔特斯.戴明领导手册［M］.钟汉清，译.北京：华夏出版社，2001.

［10］考夫曼.穷查理宝典：查理·芒格智慧箴言录［M］.李继宏，译.北京：中信出版社，2016.

［11］德鲁克.管理的实践［M］.齐若兰，译.北京：机械工业出版社，2006.

［12］德鲁克.旁观者：管理大师德鲁克回忆录［M］.廖月娟，译.北京：机械工业出版社，2005.

［13］潘迪，纽曼，卡瓦诺.六西格玛管理法：世界顶级企业追求卓越之道［M］.毕超，崔丽野，译.北京：机械工业出版社，2012.

［14］程族桁.运用团体辅导培养贫困大学生健康心理调查研究：积极心理取向的团体辅导对贫困大学生积极心理资本和主观幸福感的干预研究［J］.成才之路，2023（12）：33-36.

［15］德韦克. 终身成长［M］. 楚祎楠，译. 南昌：江西人民出版社，2017.

［16］樊富珉. 我国团体心理咨询的发展：回顾与展望［J］. 清华大学学报（哲学社会科学版），2005，20（6）：62-69.

［17］樊富珉，何瑾. 团体心理辅导［M］. 上海：华东师范大学出版社，2010.

［18］樊富珉，何瑾. 团体心理咨询的理论、技术与设计［M］. 北京：中央广播电视大学出版社，2014.

［19］樊富珉. 结构式团体辅导与咨询应用实例［M］. 北京：高等教育出版社，2015.

［20］樊富珉，何瑾，贾烜. 辅导员团体辅导工作技能［M］. 北京：高等教育出版社，2021.

［21］樊富珉，何瑾. 团体心理辅导［M］. 2版. 上海：华东师范大学出版社，2023.

［22］方芳，郎颖春，沈韵，等. 基于心理资本干预模型的团体辅导在肿瘤科护士中的实施效果［J］. 上海护理，2022，22（4）：58-62.

［23］卢桑斯，尤瑟夫摩根，阿韦利罗. 心理资本：激发内在竞争优势［M］. 王垒，译. 2版. 北京：中国轻工业出版社，2020.

［24］何瑾，樊富珉. 团体辅导提高贫困大学生心理健康水平的效果研究：基于积极心理学的理论［J］. 中国临床心理学杂志，2010，18（3）：397-399，402.

［25］何瑾，樊富珉，程化琴，等. 希望干预改善大学新生学习适应的效果［J］. 中国临床心理学杂志，2015，23（4）：750-755.

［26］沃特克. OKR工作法［M］. 明道团队，译. 北京：中信出版集团，2017.

［27］彼得森. 打开积极心理学之门［M］. 侯玉波，王非，译. 北京：机械工业出版社，2010.

［28］塞利格曼. 真实的幸福［M］. 洪兰，译. 沈阳：万卷出版公司，2010.

［29］塞利格曼. 持续的幸福［M］. 赵昱鲲，译. 杭州：浙江人民出版社，2012.

［30］塞利格曼. 塞利格曼自传［M］. 庞雁，译. 杭州：浙江教育出版社，2020.

［31］哈默. 企业再造［M］. 小草，译. 南昌：江西人民出版社，2019.

［32］契克森米哈赖. 心流［M］. 张定绮，译. 北京：中信出版社，2017.

［33］李晴昊，赵长喜，刘宏阳，等. 颗粒增强型金属基复合材料的研究进展［J］. 中国空间科学技术，1997，17（5）：25-32.

［34］李晴昊. 金属基复合材料及其在空间飞行器结构中的应用［J］. 航天器工程，1997（12）：64-70.

［35］雷润侠，李晴昊. 卫星制造技术"三化"的科学管理［J］. 航天工业管理，1998（9）：12-14.

［36］李晴昊. TL 9000中的产品生命周期模型及应用［J］. 世界标准化与质量管理，

2003（11）：31-33.

［37］李晴昊．TL 9000 衡量指标中均一化原则的应用［J］.中国质量，2004（5）：86-90.

［38］李晴昊．TL 9000 组织和产品的识别及应用［J］.中国标准化，2004（7）：54-56.

［39］李晴昊．电信行业的质量管理体系标准：TL 9000 的理解和实施指南［M］.北京：中国标准出版社，2005.

［40］李晴昊．积极心理学 PERMA 模型中缺失的第六个元素："过程"［J］.中国质量，2022（10）：87-93.

［41］李晴昊，张馨文，杨坤．过程方法在企业幸福指数评估和体系建立中的应用［J］.中国质量，2023（6）：105-111.

［42］李晴昊．积极心理团体辅导提高企业团队幸福感和积极情绪的实证研究［Z］.清华大学社会科学学院积极心理学研究中心认证指导师第五期项目论文，2021.

［43］李晴昊，樊富珉．积极心理团体辅导提高企业团队幸福感和积极情绪实证研究［J］.中国质量，2023（11）：119-125.

［44］李晴昊．集邮图说航天简史［M］.北京：中国科学文化音像出版社，2024.

［45］李柘远．学习高手［M］.北京：北京联合出版公司，2020.

［46］刘舒婷．大学生乐观团体辅导对心理健康的影响［D］.北京：清华大学，2020.

［47］史雷特．胜者为王：杰克·韦尔奇的 29 个领导秘诀［M］.吴溪，译.北京：机械工业出版社，2002.

［48］黄钦东．半数人对自己直接上级不满：国内首份《工作幸福指数调查报告》发布［J］.职业，2004（6）：54.

［49］姬彦红．团体辅导提高幼儿教师心理资本水平的实验研究［J］.中国特殊教育，2014（9）：79-83.

［50］韦尔奇，拜恩．杰克·韦尔奇自传［M］.曹彦博，孙立明，丁浩，译.北京：中信出版社，2004.

［51］莱克，梅尔．丰田模式：实施丰田 4P 的实践指南［M］.王世权，张丹，商国印，等译.北京：机械工业出版社，2012.

［52］尼尔森，库珀．积极组织行为学［M］.王明辉，译.北京：中国轻工业出版社，2011.

［53］彭凯平．吾心可鉴：澎湃的福流［M］.北京：清华大学出版社，2016.

［54］彭凯平．吾心可鉴：跨文化沟通［M］.北京：清华大学出版社，2021.

［55］彭凯平，闫伟．活出心花怒放的人生［M］.北京：中信出版社，2020.

［56］彭凯平，闫伟．孩子的品格：写给父母的积极心理学［M］.北京：中信出版社，2021.

［57］彭凯平．生活中的情绪心理学［M］．北京：清华大学出版社，2024．

［58］彭凯平．幸福的种子：我的心理学入门书［M］．北京：生活书店出版有限公司，2024．

［59］达利欧．原则［M］．刘波，译．北京：中信出版社，2018．

［60］达利欧．原则（绘本版）［M］．奥小绿，译．北京：中信出版社，2020．

［61］桑原晃弥．丰田PDCA+F管理法［M］．张璇，译．北京：人民邮电出版社，2019．

［62］邵瑾，樊富珉．1996—2013年国内团体咨询研究的现状与发展趋势［J］．中国心理卫生杂志，2015，29（4）：259-262．

［63］芬罗宾斯，贾奇．组织行为学［M］．孙健敏，译．北京：中国人民大学出版社，2021．

［64］克雷纳．管理百年［M］．邱琼，译．海口：海南出版社，2003．

［65］帅师，郭金山．幸福企业：模型、方法与实践［M］．北京：经济管理出版社，2015．

［66］孙奕．大学生心理资本水平提升的纵向研究：课堂教学与团体辅导的作用［J］．大学教育，2022（3）：217-221．

［67］沙哈尔．幸福的方法［M］．汪冰，刘骏杰，译．北京：当代中国出版社，2007．

［68］沙哈尔．幸福的要素［M］．倪子君，译．北京：中信出版集团，2022．

［69］沙哈尔．幸福手册［M］．倪子君，译．北京：中信出版集团，2022．

［70］拉希德，塞利格曼．积极心理学治疗手册［M］．邓之君，译．北京：中信出版社，2020．

［71］拉扎克，桑德斯．戴明管理四日谈［M］．周静，董建宁，译．北京：中国商业出版社，2003．

［72］艾萨克森．史蒂夫·乔布斯传（典藏版）［M］．赵灿，译．北京：中信出版社，2023．

［73］王玉荣，葛新红．流程管理［M］．5版．北京：北京大学出版社，2016．

［74］习风．华为双向指挥系统：组织再造与流程化运作［M］．北京：清华大学出版社，2020．

［75］余璇，田喜洲．积极组织行为学：探索个体优势的科学与实践［M］．北京：经济科学出版社，2018．

［76］虞悦．大学生心理资本提升新途径：积极取向团体辅导［J］．丽水学院学报，2016，38（3）：89-94．

［77］瑞迪，哈格曼．运动改造大脑［M］．浦溶，译．杭州：浙江人民出版社，2013．

［78］杨坤.基于积极心理学的初创企业员工培训方案［Z］.清华大学社会科学学院积极心理学研究中心认证指导师第四期项目论文，2020.

［79］杨维忠，张甜，王国平.SPSS 统计分析与行业应用案例详解［M］.4 版.北京：清华大学出版社，2018.

［80］岳川博.创建幸福企业［M］.北京：北京大学出版社，2011.

［81］贝尔.西门子传：一个发明巨人和国际企业家的人生历程［M］.朱刘华，译.北京：中译出版社，2018.

［82］洛克菲勒.洛克菲勒写给儿子的 38 封信［M］.范毅然，译.北京：中华工商联合出版社，2021.

［83］张西超.员工帮助计划［M］.2 版.北京：中国人民大学出版社，2015.

［84］迪露西亚瓦克格里提，卡伦娜，等.团体咨询与团体治疗指南［M］.李松蔚，鲁小华，贾烜，等译.北京：机械工业出版社，2014.

［85］特罗泽.咨询师与团体：理论、培训与实践［M］.4 版.邵瑾，冯愉涵，周子涵，等译.北京：机械工业出版社，2017.

［86］赵昱鲲.无行动，不幸福［M］.沈阳：万卷出版公司，2022.

［87］赵昱鲲，彭凯平.清华积极心理学十六讲［M］.北京：清华大学出版社，2024.

［88］赵昱鲲.不管，我就是要幸福［M］.北京：新星出版社，2024.

［89］曾光，赵昱鲲.幸福的科学［M］.北京：人民邮电出版社，2018.

［90］张林，刘燊.心理学研究设计与论文写作［M］.北京：北京师范大学出版社，2020.

［91］张硕，邓旭阳，吴先超，等.儒家心理情景剧提升大学贫困新生心理资本的效果研究［J］.江苏第二师范学院学报，2021，37（5）：69-74.

［92］张西超.员工帮助计划［M］.2 版.北京：中国人民大学出版社，2015.

［93］张馨文.基于积极心理学的金融行业企业员工培训方案［Z］.清华大学社会科学学院积极心理学研究中心认证指导师第五期项目论文，2021.

［94］中国国家标准化管理委员会.质量管理体系　要求：GB/T 19001—2016［S］.北京：中国标准出版社，2016.

［95］中国国家标准化管理委员会.环境管理体系要求及使用指南：GB/T 24001—2016［S］.北京：中国标准出版社，2016.

［96］中国国家标准化管理委员会.职业健康安全管理体系要求及使用指南：GB/T 45001—2020［S］.北京：中国标准出版社，2020.

［97］中国国家标准化管理委员会.社会责任管理体系要求及使用指南：GB/T 39604—2020［S］.北京：中国标准出版社，2020.

［98］中国国家标准化管理委员会.能源管理体系要求及使用指南：GB/T 23331—2020
　　　［S］.北京：中国标准出版社，2020.

［99］中国国家标准化管理委员会.信息安全管理体系要求：GB/T 22080—2016［S］.
　　　北京：中国标准出版社，2016.

［100］全国质量管理和质量保证标准化技术委员会.管理体系审核指南：GB/T 19011—
　　　2021［S］.北京：中国标准出版社，2021.

［101］中国国家标准化管理委员会.质量管理体系基础和术语：GB/T 19000—2016
　　　［S］.北京：中国标准出版社，2016.

［102］中国国家标准化管理委员会.质量管理 组织的质量 实现持续成功的指南：GB/T
　　　19004—2020［S］.北京：中国标准出版社，2020.

［103］中国国家标准化管理委员会.职业健康安全管理 工作中的心理健康安全：管理
　　　社会心理风险指南：GB/T 45003—2024［S］.北京：中国标准出版社，2024.

［104］Guidance on social responsibility: ISO 26000—2010.［S］.

［105］中国文化管理协会.企业幸福指标评价标准：TCCAAS 002—2019［S］.

［106］中国质量协会.企业 ESG 评价指南：T/CAQ 10118—2022［S］.

［107］中国质量协会.企业 ESG 管理体系要求：T/CAQ 10117—2022［S］.

［108］CONN C，MCLEAN R. Bulletproof problem solving［M］. New York: John Wiley
　　　& Sons Press，2018.

［109］PETERSON C，SELIGMAN M E P. Character strengths and virtues: A handbook
　　　and classification［M］. Oxford: Oxford University Press，2004.

［110］GRANT E L，LEAVENWORTH R S. Statistical quality control 7th ed［M］. New
　　　York: The McGraw-Hill Company，1996.

［111］LUTHANS F，ALLAN H. Positive organizational behavior: Developing and
　　　managing psychological strengths［J］. The Academy of Management Executive，
　　　2002，16（1）: 57-75.

［112］PAVOT W G，DIENER E. Review of the satisfaction with life scale［J］.
　　　Psychological Assessment，1993，5（2）: 164-172.

［113］SELIGMAN M E P，CSIKSZENTMIHALYI M. Positive psychology: An
　　　introduction［J］. American Psychologist，2000，55: 5-14.

［114］WATSON D，CLARK L A，TELLEGEN A. Development and validation of
　　　brief measures of positive and negative affect: The PANAS scales［J］. Journal of
　　　Personality and Social Psychology，1988，54（6）: 1063-1070.